# Les **Premiers**
# développements
# de votre bébé

**Dr. miriam stoppard**

**Broquet**

97-B, Montée des Bouleaux,
Saint-Constant, Qc, Canada, J5A 1A9,
Tél. : (450) 638-3338 / Télécopieur : (450) 638-4338
Site Internet : www.broquet.qc.ca

# Sommaire

**ACTIVITÉS SUPPLÉMENTAIRES**

LONDON, NEW YORK, MUNICH, MELBOURNE, DELHI

*Pour Barney, Ashleigh, Eden et Brodie
Ed, Amie et Esmé
Daniel, Emily et Imogen*

**Catalogage avant publication de Bibliothèque
et Archives Canada**

Stoppard, Dr. Miriam
   Les premiers développement de votre bébé
   Traduction de: Baby's first skills

   ISBN  2-89000-713-8

   1. Nourrissons - Développement.  2. Enfants -
Développement.  3. Exercices pour enfants.  4. Enfants -
Soins. I. Titre.

HQ767.9.K5514 2005     305.231     C2005-940679-8

Pour l'aide à la réalisation de son programme éditorial, l'éditeur remercie :
Le gouvernement du Canada par l'entremise du Programme d'aide au
Développement de l'industrie de l'Édition (PADIÉ) ;
La Société de Développement des Entreprises Culturelles (SODEC) ;
L'association pour l'Exportation du Livre Canadien (AELC).

Édition originale, Royaume-Uni, 2005
Publié par Dorling Kindersley
80 Strand, London WC2R ORL

A Penguin Company

Copyright © 2005 Dorling Kindersley Limited
Copyright texte © 2005 Miriam Stoppard
ISBN original : 0756609534

Traduction du livre original :
Baby's first skills

Traduction : Catherine Barret
Réalisation : edito.biz

Pour le Québec :
Copyright © Ottawa 2005 - Broquet Inc.
Dépôt Légal - Bibliothèque nationale du Québec
3e trimestre 2005

Imprimé au Singapour par Star Standard

ISBN : 2-89000-713-8

# La première année

La première année, votre bébé grandit et se développe dans trois domaines essentiels :

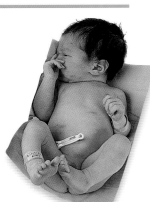

- utiliser son *cerveau pour penser* et développer le langage
- apprendre à se tenir debout et à marcher, avec des *tentatives pour contrôler sa tête* dès la première semaine
- acquérir le *contrôle fin de ses doigts* : à dix mois, bébé pourra prendre un petit pois entre le pouce et l'index.

L'acquisition de ces facultés se fait à travers des **étapes** dont l'ensemble constitue ce que l'on peut appeler la **Carte des compétences du bébé** (voir p. 12). Tous les bébés passent par les mêmes étapes, qui se déroulent toujours dans le même ordre, mais dans un temps variable d'un bébé à l'autre. Ce livre vous aidera à suivre l'évolution de votre bébé et à vous préparer à ces étapes.

Les activités proposées dans ce livre couvrent les domaines essentiels de l'évolution de votre bébé et peuvent s'adapter au rythme naturel de cette évolution : ainsi, il pourra acquérir ses étonnantes capacités à mesure que son cerveau et son corps se développeront. Plus tôt, ce serait forcer les choses, plus tard, ce serait empêcher votre bébé de progresser. En suivant la **Carte des compétences,** vous l'aiderez juste au bon moment, et vous ne tomberez pas dans le piège d'attendre trop, trop vite. Vous identifierez les signes avant-coureurs et serez prêt à l'aider à développer ses capacités dès qu'elles commenceront à se manifester.

## LAISSEZ-VOUS GUIDER PAR VOTRE BÉBÉ

Pour l'aider à développer ses facultés, vous n'avez rien d'autre à faire que vous laisser guider par votre bébé. C'est la règle d'or, celle qu'il ne faut jamais transgresser. Votre bébé saura toujours vous faire comprendre qu'il veut passer à l'étape suivante.

Il est important de répondre à ses signaux, parce que c'est le seul moyen d'être sûr de l'aider à acquérir chaque compétence au moment exact où il est prêt à le faire.

Vous l'aiderez ainsi à prendre confiance en lui et à construire son estime de soi dès les premiers jours. Même un tout-petit sera content de lui (surtout si vous le félicitez). Songez que, grâce à cela, il deviendra un enfant confiant, équilibré et affectueux. **Et toutes ces bases se construisent au cours de la première année.**

## CROISSANCE ET APPARITION DES COMPÉTENCES

Prendre un petit pois entre le pouce et l'index est une opération très complexe et très délicate. Votre bébé ne sait pas faire cela dès sa naissance ! Toutes sortes d'éléments doivent se mettre en place dans son corps avant qu'il acquière une telle dextérité :

- des muscles qui permettront au pouce et à l'index de se rapprocher pour saisir
- des muscles qui obéiront au cerveau lorsqu'il enverra l'ordre de saisir

• des yeux capables de voir distinctement le pois
• la coordination entre ce que voit l'œil (où est le pois, à quelle distance des yeux) et le déplacement de la main (coordination œil-main)
• un cerveau suffisamment développé pour désirer le pois et pour commander aux muscles d'agir
• des nerfs en place pour transmettre l'ordre.
Tous ces éléments doivent être acquis en neuf mois – un changement énorme qui doit réussir dans tous les domaines pour que bébé puisse enfin prendre un petit pois entre le pouce et l'index.

Vous pouvez repérer l'apparition de chaque nouvelle phase. À deux mois, par exemple, bébé voudrait saisir des objets, mais ne le peut pas encore – il "prend avec les yeux" (voir p. 22). Les jeux proposés ici vous aideront à suivre votre bébé pas à pas et l'encourageront à passer à l'étape suivante.

Pour qu'un bébé puisse acquérir une compétence, il **faut** qu'il ait atteint le stade correspondant de sa croissance et de son développement. Il est très important de comprendre cela : plus tard, votre bébé apprendra à contrôler ses sphincters selon son propre programme, et non le vôtre. Il ne peut pas devenir "propre" du jour au lendemain, ni s'exécuter pour vous faire plaisir lorsque vous le mettez sur le pot. Chercher à obtenir cela de lui prématurément ne fera que créer d'autres problèmes par la suite.

## CE QU'IL FAUT SURVEILLER

Les premiers mois, vous n'avez à vous inquiéter que d'un petit nombre de choses. Vous pouvez avoir l'impression que votre bébé
• ne voit pas bien
• entend mal
• est un peu "mou".
Il est facile de contrôler cela vous-même. Pendant le premier mois,
• il sourit en voyant votre visage : il ne peut le faire que si vous êtes à 20-25 cm de lui
• il tourne son regard, et plus tard sa tête, lorsqu'il entend un bruit – testez cela en froissant du papier ou en agitant une clochette
• il doit commencer à empêcher sa tête de partir en arrière lorsque vous le soulevez de la position couchée en le tirant par les bras (voir p. 15 et Activité 37). En cas de doute sur l'un de ces points, parlez-en à votre médecin ou à votre auxiliaire de santé.

# FILLES ET GARÇONS SONT-ILS DIFFÉRENTS ?

Les filles et les garçons ne naissent pas avec des capacités identiques. Sachant cela, vous pourrez aider votre bébé à développer ses points forts et l'encourager dans les autres domaines.

Ces différences ne signifient pas qu'un sexe soit supérieur à l'autre, mais les connaître vous aidera à mieux comprendre les réactions de votre bébé et à accorder plus de temps aux aspects de son développement qui en auront besoin.

Les filles naissent avec deux avantages sur les garçons :

***Le langage*** Les facultés liées aux centres du langage, situés dans la partie gauche du cerveau, sont plus avancées à la naissance chez les filles ; elles acquièrent donc généralement plus tôt tout ce qui se rapporte au langage.

***L'intelligence émotionnelle*** À la naissance, les filles possèdent déjà des connexions entre les deux hémisphères cérébraux (chez les garçons, cela prendra neuf mois) ; elles sont donc plus à l'aise avec leurs émotions et plus sensibles à ce que ressent leur entourage.

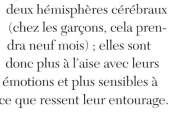

## COMMENT LES AIDER

Si vous avez un petit garçon (j'en ai eu quatre !), voici comment l'aider à surmonter ses potentielles difficultés.

***Langage***
- Parlez-lui beaucoup, et clairement.
- Chantez souvent.
- Faites beaucoup de jeux de mains et d'action.
- Écoutez de la musique classique.

***Émotions***
- Portez-le, touchez-le beaucoup.
- Félicitez-le de ses succès.
- Soyez attentif lorsqu'il exprime colère, peur ou frustration.
- Traitez garçons et filles de la même manière lorsqu'ils ont besoin d'être consolés ou réconfortés – un garçon n'a pas à réprimer ses sentiments "parce que c'est un garçon".

## AUTRES DIFFÉRENCES
- Pendant la grossesse, le cortex cérébral, qui détermine l'intelligence, se développe plus tôt chez les filles.
- La moitié gauche du cortex, qui contrôle la pensée, se développe plus tôt chez les filles.
- Les côtés gauche et droit du cerveau se connectent plus tôt et mieux chez les filles : cela leur facilite l'apprentissage de la lecture, qui implique les deux côtés.
- Au départ, les garçons maîtrisent mieux la visualisation dans l'espace ; les filles peuvent avoir besoin d'aide pour appréhender les notions en trois dimensions.
- À l'âge scolaire, les garçons courent, sautent et lancent généralement mieux.

# Aidez bébé à apprendre

Tout nouveau-né vient au monde avec des instincts de survie que vous pouvez utiliser pour aider votre bébé à apprendre.

- Il est "câblé" pour **sourire** devant un visage et peut voir le vôtre à 20-25 cm. Dès la naissance, il peut donc sourire et apprendre à devenir sociable.

- Il est **programmé pour entendre les sons aigus** et **né pour communiquer** : parlez-lui à 20-25 cm, il vous répondra en ouvrant et en fermant la bouche.

Les adultes tiennent pour acquises un grand nombre de notions tout à fait abstraites, mais pour un bébé, c'est un exercice hautement intellectuel. La meilleure façon d'aider votre bébé à les développer est de passer par les sens – vue, ouïe, toucher, odorat et goût –, qui seront ses instruments d'exploration du monde jusqu'à ce qu'il sache se déplacer de façon autonome.

## COMPRENDRE LES OPPOSÉS

Un bébé a du mal à concevoir l'idée de "chaud" présentée seule. Il la comprendra bien plus facilement **par opposition**. Essayez de toujours décrire une idée nouvelle en relation avec son opposé, comme le "chaud" avec le "froid".

**Exemples d'opposés**

textures = **dur et mou**

goûts = **doux et acide**

angles = **pointu et arrondi**

tailles = **grand et petit**

Les bébés et les jeunes enfants ont beaucoup de difficulté à comprendre les différences entre les choses. L'idée est donc de leur faciliter la tâche en montrant clairement ces différences – les opposés étant le cas le plus évident. Faites la démonstration du "chaud" à votre bébé en lui faisant toucher aussitôt après un objet froid, et en employant bien

à chaque fois les mots "**chaud**" et "**froid**". Faites des gestes à l'appui : par exemple, soufflez sur vos doigts pour le chaud, tremblez pour le froid. (Attention à ne pas laisser bébé toucher un objet brûlant !)

## L'IDENTIFICATION

Comme l'adulte, le bébé apprend par la répétition. Vous l'aiderez en répétant de nombreuses fois ce que j'appelle les "traits caractéristiques" d'une chose. Cela favorise l'identification, capacité intellectuelle très complexe. Par exemple, chaque fois que vous voyez un chat, nommez ses traits caractéristiques : quatre pattes, moustaches, longue queue, fourrure, oreilles pointues, fait "miaou", saute très haut. Pour un oiseau : plumes, bec, ailes, deux pattes, vole.

La répétition des traits caractéristiques d'un objet aide votre enfant à le fixer dans son esprit et à le différencier de la multitude des autres objets qu'il voit chaque jour pour la première fois. À dix mois, il saura que votre chat, son chat en peluche et un dessin de chat dans son livre sont tous des chats, mais aussi que votre chat est réel, tandis que les autres ne sont que des représentations. C'est un raisonnement très sophistiqué !

## DISTINGUER LE SEMBLABLE DU DISSEMBLABLE

Votre bébé comprend les traits caractéristiques parce qu'il sait faire la différence entre le **semblable** et le **dissemblable**. Être capable de comparer des formes ou des objets et de distinguer le "pareil" du "différent" est une avancée énorme dans la pensée logique, mais les bébés le font avec une facilité déconcertante, et cela dès le plus jeune âge. Dès seize semaines, bébé différencie des formes sur une carte. Vérifiez-le avec l'Activité 9, *Casse-tête pour bébé*. Vous découvrirez qu'il reconnaît non seulement la **forme**, mais la **taille**.

L'étape suivante pourrait être une démonstration des propriétés des formes à trois dimensions. Par exemple, les boules **roulent**, pas les cubes. Dès que votre bébé peut tenir assis en appui (vers deux-trois mois), faites rouler une balle vers lui en disant : "La balle est **ronde**, alors elle **roule**." Recommencez avec un cube en mousse : "Le cube est carré, il ne peut pas rouler." Bébé ne comprendra pas tout de suite, mais, en répétant fréquemment ces affirmations, les différences finiront par se fixer dans son esprit.

Ensuite, votre bébé passera aux formes à encastrer (voir Activité 12, *Briques et cubes*), puis aux puzzles simples. Vous pouvez aussi lui montrer comment les formes s'emboîtent ou non à l'aide d'objets usuels tels que casseroles, moules ou pots de yaourt.

## INDICES ET SIGNES

Il est très important de ne jamais forcer votre bébé, mais de suivre son rythme et de l'encourager lorsque vous voyez qu'il est prêt. Ce moment n'est pas si difficile à détecter qu'on pourrait le penser ; bébé vous donne des **indices** et des **signes** clairs, par exemple :

• vers deux semaines, à plat ventre, il essaiera probablement de soulever légèrement sa tête – signe qu'il est prêt pour le jeu destiné à renforcer la nuque (voir Activité 37, *Sport pour bébé*)

• à cinq mois, il fera des bruits de bouche en soufflant ("brrrr") : signe que vous pouvez commencer les imitations de bruits (voir Activité 47, *Bruits de bouche*)

• à neuf mois, il sait pointer du doigt : faites-lui montrer des images dans ses livres (voir Activité 14, *Encore des livres*)

• vers dix mois, il commencera à se mettre debout en se hissant : il est prêt à marcher, déplacez des meubles pour qu'il puisse tourner autour (voir Activité 19, *La course d'obstacles*).

## DÉCRIRE ET MONTRER

Pour comprendre, les bébés ont besoin de descriptions et de démonstrations. Ils aiment aussi que vous commentiez en continu tout ce qui se passe. Parlez à votre bébé dès la naissance, et ne cessez jamais. Chaque fois que vous pouvez nommer ou expliquer une action, faites-le. "Cette fleur **sent** bon" (snif, snif). "On caresse le chien **doucement**" (caresse). Et, plus tard, "On ferme la porte **doucement**" (levez-vous et montrez).

Tout au long de ce livre, je vous proposerai donc de décrire et de montrer ce que vous faites. Mettre l'accent sur le langage a un autre effet important. Cela aide votre bébé à apprendre à parler – la plus complexe des facultés humaines. La capacité d'acquérir le langage est remarquable, parce qu'elle suppose à la fois d'écouter les sons, d'être capable de les reproduire, et d'identifier les significations qui leur correspondent. Parler à

votre bébé n'est donc pas un vain bavardage : dès le début, c'est la clé des facultés de communication et de langage.

## MANIFESTEZ VOS ÉMOTIONS

Jusqu'à six ans et plus, les enfants comprennent mieux les messages si la parole s'accompagne d'une action. Les bébés aiment vous voir exprimer vos émotions d'une façon théâtrale : accompagnez tous les mots possibles de gestes et d'expressions, et **exagérez** tout – surtout le plaisir et la joie.

La règle est d'être aussi expressif et **théâtral** que possible : faites-en des tonnes. Chaque fois que vous le pouvez, terminez par des rires et des câlins. Regardez le plus possible votre bébé dans les yeux, surtout lorsqu'il est tout petit.

## "CONTINENCE ÉMOTIONNELLE"

La "continence émotionnelle", c'est la capacité de gérer les émotions, de ne pas les laisser partir dans tous les sens. Il faut donc apprendre à contrôler les émotions fortes en les canalisant dans un sens positif.

• La **continence émotionnelle** s'apprend par l'exemple parental.

• Si on ne l'apprend pas dès la première année de la vie, elle est très difficile à acquérir par la suite. Il est important pour votre bébé d'acquérir la continence émotionnelle. Sans elle, il aura du mal, en grandissant, à supporter et à gérer les contrariétés et les obstacles. Le résultat classique de l'incontinence émotionnelle, c'est un enfant qui, à la maternelle ou à la maison, brutalise et perturbe les autres, parfois même en vient à tout casser.

### Construire la continence émotionnelle

On peut commencer très tôt à enseigner la continence émotionnelle à un bébé. Dans toute situation, il y a trois choses faciles à faire.

• *Légitimer les émotions de votre bébé.* S'il tombe, dites-lui : "Je sais que ça fait mal" ; si quelque chose le contrarie et le met en colère : "C'est bien embêtant."

• *Désamorcer l'émotion.* Dites : "Maman va faire un bisou, ça ira mieux", ou : "Papa n'aime pas ça non plus, tu sais."

• *Sortir de l'émotion.* Par exemple : "Quand ça ne fera plus mal, on ira jouer dehors", "On oublie tout ça et on fait un câlin."

# LE OUI ET LE NON

Dès trois mois, le bébé commence à distinguer le "oui" du "non", parce qu'il remarque très tôt que le "non" signifie l'absence de tous les signes positifs venant de vous et dont il a tant besoin – sourire, regard, câlins, joie, tendresse, approbation. Toutes ces choses lui montrent que vous l'aimez.

Pour votre bébé, apprendre le **non** consiste simplement à comprendre que vous lui retirez temporairement votre approbation, son bien le plus précieux. Comprendre le **non** est aussi le premier pas vers la compréhension de la discipline, et accepter le **non**, le premier pas vers le contrôle de soi. Un simple changement subtil du ton de votre voix peut être pour lui le signe de votre désapprobation. Quand vous dites **non**, il suffit de passer du ton affectueux au ton neutre pour que votre bébé apprenne que le **non** est négatif et peut être évité.

Lorsque votre bébé réagit positivement, récompensez-le par un câlin. Hochez la tête, riez avec lui. Le **oui** est une fête, le signe de votre approbation. Faites en sorte que votre bébé puisse distinguer facilement le **oui** du **non**.

# L'Heure Magique du jeu

On ne dira jamais assez l'**importance du jeu** pour les bébés et les jeunes enfants. C'est la **base de tout apprentissage**, même pour un nouveau-né. Son premier et son **meilleur compagnon de jeu**, c'est vous, ses parents. C'est avec vous qu'il réagit le plus volontiers, avec vous qu'il pose les bases de sa sécurité et de son bon développement. L'**Heure Magique** du jeu est destinée à vous donner, à vous et à votre bébé, une heure de jeu structurée et **adaptée au développement de chaque mois**.

### QU'EST-CE QUE L'HEURE MAGIQUE ?

C'est simplement une heure de jeux variés. Les activités et les jeux proposés pour cette heure couvrent les principaux domaines du développement de votre bébé, afin qu'il puisse progresser sur tous les fronts, comme une vague qui avance sans rien laisser à découvert.

Par périodes, un domaine particulier avance plus vite que les autres. C'est pourquoi l'Heure Magique n'est pas divisée de la même façon chaque mois : vous pourrez ainsi accorder plus de temps à des activités en rapport avec les progrès soudains de votre enfant.

### À QUOI SERT L'HEURE MAGIQUE ?

Le but principal de l'Heure Magique est que vous puissiez consacrer chaque jour à votre bébé une heure entière, un moment privilégié où il sentira que vous lui accordez votre attention sans partage. L'Heure Magique vous aidera à trouver du temps pour ces échanges essentiels entre vous et votre bébé.

Ce lien permet à votre bébé d'élargir ses horizons, de prendre confiance en lui-même et dans sa capacité à progresser. C'est une situation gagnant-gagnant : vous passez un moment agréable avec votre bébé, il apprend avec vous.

## JOUETS ET INSTRUMENTS

À l'occasion, bébé fera un jouet de n'importe quel objet – même d'un pot de yaourt. Mais certains jouets sont particulièrement utiles pour son développement.

**Le miroir** Dès la naissance, fixez dans le berceau un petit miroir où bébé pourra voir son visage. Cela l'aide à fixer son regard et renforce sa réaction innée au visage humain. Plus grand, bébé aimera vous voir avec lui dans les miroirs.

**Les mobiles** Même chez le tout-petit, un mobile suspendu à 20-25 cm de hauteur stimule la vision.

**Briques et cubes** Pour le toucher, la préhension, apprendre à empiler.

**Hochets** Le bruit du hochet incite bébé à découvrir les relations de cause à effet. Lorsqu'il devient capable de le saisir, il apprend que secouer = bruit.

**Musique, comptines** Musique classique pour les mathématiques, la logique, le langage. Comptines et jeux de mains pour le langage et la sociabilité.

**Livres et histoires** Racontez des histoires à votre bébé dès la naissance. Donnez-lui un livre en tissu.

**UTILISATION DE L'HEURE MAGIQUE**

Dans les pages qui suivent, vous apprendrez à accompagner votre bébé mois par mois dans les cinq principaux domaines de son développement. Chaque section propose des jeux et des activités particulièrement adaptés à chaque domaine : deux à la fin de chaque section, les autres classés par numéro dans tout le livre. L'horloge indique le temps approximatif que vous pouvez consacrer à chaque domaine. Des jouets sont parfois suggérés, ce qui n'empêche pas vos propres idées.

**Soyez flexible**

L'Heure Magique est flexible. Rien n'est obligatoire. Les soixante minutes proposées ne sont pas nécessairement consécutives, vous pouvez diviser l'heure en séances de dix minutes ou un quart d'heure selon ce qui vous convient chaque jour. Cependant, des périodes de jeu prolongées profiteront mieux à votre bébé que cinq minutes par-ci par-là. Vous pouvez aussi partager l'heure entre parents et avec d'autres personnes de la famille. Permutez les jeux entre vous.

*Les numéros qui figurent sur chaque horloge renvoient aux jeux et aux activités spécialement adaptés à cette étape. Les numéros indiqués ici sont des exemples des différentes catégories d'activités.*

**MOTS-CLÉS DE L'HEURE MAGIQUE**

*sociabilité*

Les bébés apprennent la sociabilité à partir de la relation qu'ils construisent avec vous.

*mental*

Comprend les sens et le développement intellectuel.

mains

Usage précis et fin des mains et des doigts.

PARLER

Compréhension et utilisation du langage.

bouger

Contrôle de la tête et du corps, menant aux positions assise et debout, puis à la marche.

# Mois par mois

Ce tableau indique les principales aptitudes de votre bébé et l'âge auquel vous pouvez vous attendre à les voir apparaître – mais ce calendrier est très flexible. Chaque acquisition de compétence correspond à une étape.

## Carte des compétences du bébé

| mois | 0-1 | 1-2 | 2-3 | 3-4 | 4-5 |
|------|-----|-----|-----|-----|-----|
| **mental** | | | s'agite à la vue du sein ou du biberon | | |
| | | | regarde sa main | | |
| | | sourit spontanément | | | |
| | écoute, est attentif | | | | |
| **bouger** | | | | tient droit le haut du corps | |
| | | soulève la tête à 45° | | | |
| **PARLER** | | | | fait des "brrrr" et des | |
| | | | pousse des cris aigus | | |
| | ouvre et ferme la bouche | | | | |
| | | | | | tend |
| **mains** | | | | tient un hochet | |
| | | garde les mains ouvertes | | | |
| | tient votre doigt serré | | | | |
| **sociabilité** | | | | pleure au son désapprobateur de votre vo | |
| | gigote en vous voyant arriver | | | | |

# avec bébé

N'oubliez pas que votre bébé ne peut acquérir une compétence avant d'avoir franchi l'étape précédente. En faisant avec lui les jeux de l'**Heure Magique**, vous aiderez chaque compétence à se développer juste au bon moment.

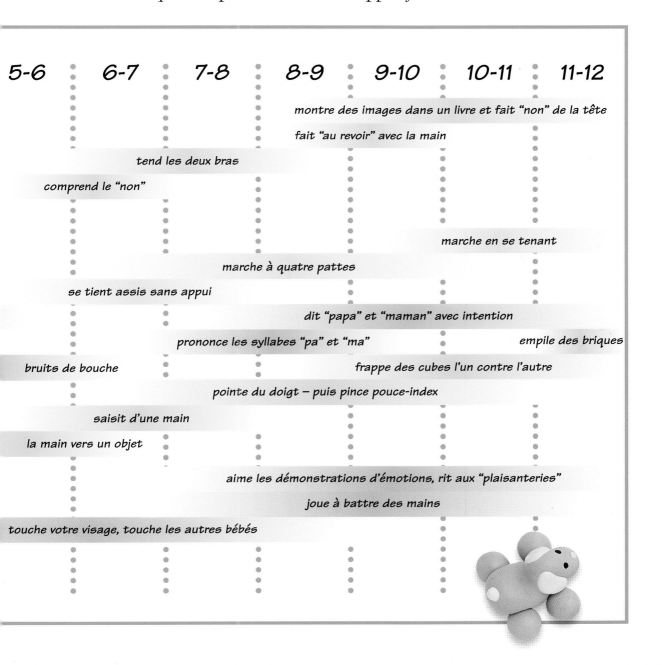

| 5-6 | 6-7 | 7-8 | 8-9 | 9-10 | 10-11 | 11-12 |
|-----|-----|-----|-----|------|-------|-------|

montre des images dans un livre et fait "non" de la tête

fait "au revoir" avec la main

tend les deux bras

comprend le "non"

marche en se tenant

marche à quatre pattes

se tient assis sans appui

dit "papa" et "maman" avec intention

prononce les syllabes "pa" et "ma"

empile des briques

bruits de bouche

frappe des cubes l'un contre l'autre

pointe du doigt – puis pince pouce-index

saisit d'une main

la main vers un objet

aime les démonstrations d'émotions, rit aux "plaisanteries"

joue à battre des mains

touche votre visage, touche les autres bébés

# 0 à 1 mois

La venue d'un bébé est une grande joie, mais, comme la plupart des nouveaux parents, vous vous demandez sans doute comment traiter cette petite chose qui paraît si fragile et si vulnérable. En réalité, dès l'instant de sa naissance, votre nouveau-né

- est un être humain très perfectionné, capable de beaucoup de choses
- est plus solide que vous ne le pensez et a un puissant instinct de survie.

### Aptitudes à la naissance

*À la naissance, votre bébé est physiquement sans défense, mais il possède un grand nombre de **facultés innées**. Le nouveau-né • est **"câblé" pour communiquer** • est **programmé pour imiter** les expressions faciales et les sons de la parole • voit distinctement ce qui est à **20-25 cm** et, à cette distance, réagit avec enthousiasme à votre visage • à 20-25 cm, peut **"lire" les émotions** et sourire en vous voyant sourire • entend clairement votre voix et **la reconnaît** • **réagit par des mouvements de la bouche** quand vous lui parlez à 20-25 cm.*

Félicitations ! La longue attente a pris fin – bébé est là. Mais ne croyez pas qu'à ce stade, il ne va rien "faire" d'autre que dormir et manger…

## *mental*

Dès sa naissance, votre bébé "**comprend**" – il n'est pas un objet inanimé. Vous pouvez suivre ses progrès durant le premier mois. Par exemple :

1er jour. Il "**se tait**" en entendant votre voix – il devient silencieux et attentif, son corps s'immobilise, il se concentre sur l'écoute.

3e jour. Il **réagit** lorsqu'on lui parle, son regard devient plus vif.

5e jour. À 20-25 cm, il est attiré par ce qui bouge, il va donc **observer** avec intérêt le mouvement de vos lèvres ou de vos doigts doucement agités.

9e jour. Ses **yeux "s'illuminent"** au son d'une voix aiguë, ce qui montre qu'il vous entend. Il réagit davantage aux **sons aigus** qu'aux sons graves : la façon dont on parle instinctivement aux bébés est donc bonne.

14e jour. Il vous reconnaît parmi d'autres personnes.

18e jour. Il **tourne la tête** en entendant un bruit.

28e jour. Il apprend à **exprimer** et à **contrôler** ses émotions et adapte son comportement au son de votre voix : une voix rude ou forte le perturbe, une voix douce le calme.

## RÉFLEXES DU NOUVEAU-NÉ

À la naissance, votre bébé possède un ensemble de réflexes liés à l'instinct naturel de survie, et qui auront tous disparu vers l'âge de trois mois. Il faut qu'ils disparaissent pour que le bébé continue à se développer et pour laisser la place à de nouvelles capacités.

### Le réflexe d'agrippement
Placez un doigt dans la paume de votre bébé : il le serrera si fort qu'il pourra supporter son propre poids si vous le soulevez doucement de la position couchée.

### Le réflexe de fouissement
Si vous caressez doucement sa joue de façon répétée avec un doigt, il se tournera vers votre main et "cherchera le sein" pour téter.

### Le réflexe de marche
Si vous tenez bébé en position droite et lui faites toucher une surface plane avec les pieds, il va ébaucher des pas. Si l'avant de sa jambe touche le bord d'une table, il lèvera le pied comme pour monter une marche.

### Le réflexe de Moro
Lorsque le bébé se sent tomber ou est surpris, il écarte largement bras et jambes. On pense que cet instinct est une survivance de l'époque où nos ancêtres vivaient dans les arbres et où cette technique amortissait les chutes.

# bouger

Ses mouvements sont certes encore limités par son manque de force, mais, dès le premier jour, votre bébé commence à **exercer ses muscles**, et il
• fait de petits mouvements pour corriger sa position – couché sur le ventre, il **soulève** un peu ses pieds et essaie de **plier** les genoux
• tourne la tête du côté qu'il préfère lorsqu'il est couché sur le dos et, sur le ventre, essaie de **soulever sa tête** pendant une seconde. C'est très difficile pour lui, parce que sa tête est trop lourde pour les muscles de son dos et de son cou et le restera pendant plusieurs semaines – la tête du bébé fait environ le quart de sa taille
• gigote, se tortille et **fait des pas** lorsqu'on le tient en position debout
• garde ses jambes repliées en position fœtale lorsqu'il est couché sur le dos
• **rejette** brusquement sa tête en position droite lorsque vous le tenez contre votre épaule.

# mains

Votre bébé ne se rendra pas compte avant quelque temps que ses mains font partie de lui et qu'il peut les contrôler – il gardera les poings fermés au moins jusqu'à trois semaines. Ensuite, le réflexe d'agrippement (voir p. 15) disparaît, ses mains se détendent et s'ouvrent. Jusque-là, il pourra tenir votre doigt serré même en dormant.

# PARLER

Dès la naissance, votre bébé possède tout ce qu'il faut pour parler et communiquer, et il a hâte d'y parvenir.
• Lorsque vous parlez d'un air animé à 20-25 cm de son visage, il **réagit** par des mouvements des lèvres et de la langue, ouvrant et fermant la bouche comme un poisson.
• À partir de deux semaines, il commence à produire des **sons indifférenciés**.
• À trois semaines, il possède un **vocabulaire** de sons à lui.
• À partir de quatre semaines, il comprend que la conversation est un échange et sait comment réagir quand vous lui parlez. Très vite, il **mène la conversation** et c'est vous qui le suivez.

# sociabilité

Le bébé naît sociable, il aime la compagnie et
• veut vous répondre, vous **écoute** et vous **regarde** attentivement dès la naissance
• vous le montre par des trémoussements de tout le corps, des mouvements de la tête et de la bouche, en tirant la langue, en tendant les bras, les doigts écartés
• **sourit dès la naissance** s'il vous voit parler et sourire à une distance de 20-25 cm de son visage
• aime **regarder dans les yeux** et **le contact peau à peau**, surtout lorsqu'il tète
• peut **exprimer ses émotions** en contractant les bons muscles du visage pour sourire ou faire une grimace – est **perturbé** lorsqu'il entend une voix rude.

# L'Heure Magique

Mode d'emploi de l'Heure Magique : voir pages 10-11

Votre nouveau-né passe le plus clair de son temps à manger et à dormir. Profitez de ses moments d'éveil pour encourager son désir inné de communiquer et de jouer avec vous.

## "parlez toujours à votre bébé"

**sociabilité**

26 45
1

sociabilité

PARLER
1
25 26

12
11
1
10
2
9
3
8
4
7
6
5

bouger
2
37

mains
27
40

46
25
2

mental

### sociabilité

**Prenez-le** dans vos bras lorsqu'il est éveillé. Laissez-le être en contact avec la peau de ses parents chaque fois que c'est possible. Les caresses et les massages doux l'aident à se sentir à la fois aimé et en sécurité.

### PARLER

**Commencez à parler** à votre bébé dès sa naissance, et ne cessez jamais par la suite. Répétez son nom (et voyez son regard s'illuminer quand vous le faites).

### bouger

**Étirez doucement les membres de votre bébé** pour les adoucir et les redresser. Essayez aussi le massage, qui favorise la prise de conscience du corps.

### mental

Faites écouter à bébé de la **musique classique**. Cela le calme, mais l'encourage aussi à écouter, à produire des sons et, par la suite, l'aidera même à faire des additions ! Accessoire : **musique enregistrée**

### mains

**Jouez** avec ses mains et ses doigts pour l'encourager à les ouvrir.
Accessoire : **briques texturées, jouets doux**

# ① Bavardage avec bébé

Ce n'est pas du bavardage inutile ! C'est la **première étape** de l'apprentissage du langage sur la Carte des compétences. Parler à votre bébé avec une **attention concentrée**, votre visage à 20-25 cm du sien, favorise le développement d'un nombre étonnant de facultés, en particulier l'**imitation**, **moyen d'apprentissage essentiel** pour votre bébé. Commencez dès la naissance.

**Aptitudes**

développées par le
"Bavardage avec bébé" :
• *langage et communication*
• *audition* • *vision* • *sociabilité*
• *capacité de nouer des relations*
• *compréhension des humeurs*
• *gestion des émotions*
• *imitation*

### Les yeux dans les yeux

Tenez bébé dans vos bras, le visage à 20-25 cm du vôtre. Regardez-le dans les yeux et captez son attention en parlant, en souriant, en hochant doucement la tête. Il va commencer à "faire le poisson" (ouvrir et fermer la bouche) et à tirer la langue pour tenter d'imiter vos mouvements faciaux et de vous répondre. Dès que vous le voyez réagir ainsi, encouragez-le avec enthousiasme et interrompez-vous une seconde pour lui donner le rythme de la conversation. Refaites le tout plusieurs fois.

### Le jeu du nom

Tenez bébé dans vos bras, le visage à 20-25 cm du vôtre. Répétez son nom jusqu'à ce que son attention soit attirée. Dites alors plusieurs fois "C'est bien !", d'une voix affectueuse qui montre votre plaisir.

### Les grimaces

Tenez bébé dans vos bras et, par des mimiques appropriées, jouez diverses émotions tout en les nommant. Commentez en continu les émotions qu'exprime votre visage : "Maman est contente, elle rit" (riez) ; "Maman est étonnée, elle fronce les sourcils" (faites-le).

### Voir et apprendre

Calez un miroir contre un bord du berceau pour que bébé puisse regarder son visage. À côté, fixez une photo de vous ou d'un autre membre de la famille.

# ② Regarder bouger

Un objet mobile placé à 20-25 cm du visage de votre nouveau-né développe ses **facultés visuelles**, parce qu'il peut le voir alors qu'il n'est pas encore capable d'accommoder sur les objets éloignés. Si l'objet bouge, surtout s'il est brillant, bébé essaiera de **bouger les yeux** pour le garder dans son champ de vision. Cela fortifie les muscles de ses yeux et l'aide à apprendre à coordonner ses deux yeux tout en **bougeant la tête**.

## Aptitudes

développées par "Regarder bouger" :
• vision • suivre des yeux (muscles externes de l'œil) • accommoder (muscles internes de l'œil) • tourner la tête vers un bruit ou un mouvement • compréhension • concentration • solidité du cou

### Fixer un objet

Tenez un mobile ou un jouet brillant suspendu à une ficelle à 20-25 cm au-dessus de la tête du bébé couché. Faites-le monter et descendre doucement en appelant bébé. Quand ses yeux se fixent sur le mobile, félicitez-le.

### Trouver le doigt

La main devant votre visage, claquez douce-ment vos doigts à 20-25 cm de ses yeux et appelez-le. Lorsqu'il remarque vos doigts, félicitez-le et dites-lui que c'est très bien.

### Suivre le doigt

En faisant claquer vos doigts, déplacez-les lentement vers le côté et appelez bébé. Il va essayer de bouger les yeux pour suivre votre doigt. Dites-lui que c'est très bien et recommen-cez de l'autre côté.

**0** à **2** mois     ✔mental     ● parler     ✔bouger     ● mains     ● sociabilité

# 1 à 2 mois

Votre bébé est encore tout petit. Pourtant, il se fortifie de jour en jour et devient une "vraie personne". Au cours de ce mois, il

- perd peu à peu les réflexes du nouveau-né
- montre les premiers signes de sa personnalité
- vous sourit spontanément en réponse à vos manifestations de tendresse.

## Les yeux dans les yeux

*Les tout-petits adorent les **câlins**, ils ont besoin de votre amour et de votre attention. Regardez toujours votre bébé **dans les yeux**. Tournez-vous dans sa direction, le visage à 20-25 cm du sien, et parlez-lui d'une **voix chantante**. Hochez la tête pour l'encourager à "dialoguer" avec vous en ouvrant et fermant la bouche.*

# Le deuxième mois, votre bébé reste plus long temps éveillé, avec des moments de plus grande vigilance, où il est prêt à jouer et à apprendre.

## mains

Votre bébé ne tardera pas à être fasciné par ses mains. Pendant cette phase de préparation, il
• perd complètement le réflexe d'agrippement, vers la fin du deuxième mois. Ses poings ne sont plus que rarement fermés ; la plupart du temps, il garde les doigts écartés, prêts à **saisir** avec la paume les objets qu'il veut
• prend conscience de ses **doigts** et commence à les **étudier** avec attention vers la fin du deuxième mois
• a les extrémités des doigts très sensibles : vous pouvez les toucher, les **chatouiller** et les **masser**, il aime cela
• essaiera peut-être d'attraper un jouet qu'on lui tend, mais sans y parvenir encore – les mouvements de ses bras deviennent plus précis, mais sa capacité à évaluer correctement la distance entre un objet et sa main (**coordination œil-main**) est encore faible, et il contrôle encore mal ses muscles.

## PARLER

Pour manifester son désir naturel de communiquer avec vous, votre bébé
• répond par des **bruits de gorge** quand vous lui parlez
• a une **audition particulièrement adaptée** au ton de voix aigu et chantant spontanément adopté par les parents, surtout les mères, pour parler à leur petit bébé
• gigote de tout son corps en essayant de **tirer la langue** vers vous quand vous lui parlez avec animation
• **vocalise** avec des voyelles simples comme "eh", "ah", "euh", "oh"
• vous **accompagne** volontiers en vocalisant lorsque vous lui parlez à une distance de 20-25 cm en le regardant dans les yeux.

## bouger

Votre bébé passe ses moments éveillés à s'exercer pour développer sa force musculaire. Ce faisant, il
• cherche à **lever la tête** : à plat ventre, il parvient à la soulever à 45° pendant une à deux secondes, signe que les muscles du cou se renforcent
• peut **tenir sa tête** dans l'alignement de son corps pendant quelques instants lorsque, couché sur le dos, vous le tirez très doucement par les bras
• peut **tenir sa tête droite** quelques secondes, vers la fin du deuxième mois, lorsque vous le tenez en position droite, les mains autour de sa poitrine
• ne reste plus en position fœtale ; ses membres sont plus souples, ses jambes **portent son poids** une seconde.

## *mental*

Votre bébé s'intéresse davantage à ce qui l'entoure, et bientôt, il

• sait qui vous êtes et **vous reconnaît** – il est très intéressé de vous voir, manifeste son enthousiasme par des sursauts de tout le corps, des coups de pied, ou en agitant bras et jambes

• **sourit spontanément** dès qu'il peut voir clairement à une certaine distance, généralement vers six semaines

• **observe ce qui se passe autour de lui** : assis en appui, il **regarde dans la direction** des sons et des mouvements

• fixe son regard sur les choses qui l'intéressent, comme pour les "**saisir**" avec les yeux.

## *sociabilité*

Votre bébé devient de plus en plus **sociable**, il

• reste éveillé plus longtemps après une tétée et aime observer ce que vous faites

• est capable de vous faire savoir ce qu'il n'aime pas, ou que quelque chose le **perturbe**

• **reconnaît** votre voix et **roucoule** pour vous répondre

• sourit de loin pour **manifester sa satisfaction**

• est un **imitateur-né** qui vous observe de près pour vous copier : exagérez tous vos gestes, et montrez que votre relation est fondée sur la bonne humeur, la douceur, le bien-être et l'amour

• aime les démonstrations de **tendresse** de toute sorte : faites des câlins en toute occasion.

### Réagissez à votre bébé

*Lorsque votre bébé montre qu'il a besoin de vous, allez vers lui en **tendant les bras**, prononcez son nom, dites-lui que vous venez. Des gestes comme celui de tendre les bras sont **précurseurs de la parole** et, sans être encore des mots, sont une réponse positive qui lui montre que vous le comprenez.*

"J'aime...
# les calins, et les sourires"

# L'Heure Magique

Son cerveau évolue à toute vitesse, c'est donc le moment de le faire travailler. Le développement intellectuel dépend de l'acquisition de la **vision stéréoscopique** : les deux yeux fonctionnent ensemble, ce qui permet de voir les images lointaines.

"Dansez avec **votre bébé**"

## mains

Favorisez la prise de conscience de ses mains par des **stimulations tactiles**. Ouvrez ses mains et chatouillez ses paumes. Accessoires : **portique d'éveil, briques texturées**

## bouger

Les muscles de son cou sont plus forts : faites des jeux qui l'aident à mieux contrôler sa tête. Assis, **appuyez sa tête** contre le dossier. Portez-le contre votre épaule.

## mental

Lorsqu'il sourit, souriez en retour et **dites-lui que c'est bien**. Son sourire signifie qu'il est content, il doit savoir que vous l'êtes aussi. Il aime regarder : donnez-lui à voir beaucoup d'objets différents, changez souvent les images ou les **mobiles** au-dessus de son berceau pour renouveler son intérêt. Accessoires : **mobile, hochet, frise**

## PARLER

À partir de ses premières vocalisations, votre bébé a besoin que vous lui parliez beaucoup. Adoptez une **voix chantante** (la plupart des parents le font instinctivement). Mettez de la musique et chantez avec elle, **bougez, balancez-vous** en rythme, chantez des berceuses. Accessoire : **musique enregistrée**

23

# ③ Premiers livres

Ne sous-estimez jamais l'intérêt des **livres comme jouets**. Le premier livre de bébé (vers un mois) sera doux – en tissu –, sans mots, mais avec des **images** simples et des **couleurs** vives, voire des surfaces texturées. Au début, il ne s'agit pas de lire, mais de s'amuser à regarder les images, bébé tenu contre vous, et de parler ensemble. Par la suite, vous pourrez introduire les livres cartonnés et, vers un an, bébé sera capable de **tourner les pages tout seul**.

**Aptitudes**
développées
par "Premiers livres" :
• *vision* • *observation*
• *concentration* • *pensée conceptuelle*
• *mémoire* • *langage* • *pensée*
*cognitive* • *sociabilité* • *sens*
*du partage* • *dextérité*
*manuelle*

## Blotti contre maman

Tenez votre bébé au creux de votre bras pour regarder un livre en tissu aux couleurs vives. Tournez les pages et commentez les images.

## Regarder et toucher

Faites toucher à bébé les textures d'un livre en tissu ou en carton, montrez-lui comment on tourne les pages. Dès qu'il sera assez grand, faites-le essayer.

## Bruits d'animaux

Montrez à votre bébé un livre avec des animaux. Décrivez-les, imitez les bruits qu'ils font.

## Qu'est-ce qu'ils font ?

Avec un bébé plus grand, montrez des images d'objets quotidiens : "ça, c'est une voiture. Elle fait VROUM. Avec la voiture, on va au marché." "Ça, c'est un cerf-volant. Il vole avec le vent. Les oiseaux aussi volent."

---

**1** à **12** mois    ✓ mental    ✓ parler    ● bouger    ✓ mains    ✓ sociabilité

# ④ Jeux à rire

Ces jeux montrent à votre bébé que le jeu est un **plaisir**, et qu'il implique une **relation**. Ils sont aussi un **moyen d'apprendre** des notions très difficiles. Il vous suffit de faire quelques démonstrations – avec explications à l'appui – du **chatouillement** rapide ou lent, pour susciter une attente joyeuse. Rire avec votre bébé est une chose merveilleuse, qui lui fait plaisir comme à vous. Faire rire spontanément un bébé est l'un des aspects les plus **gratifiants** de la parentalité.

### Aptitudes
développées par
les "Jeux à rire" :
* *sociabilité* • *sens du comique*
* *sécurité* • *sensibilité* • *rire*
* *langage*

## Chatouillements rapides et lents

Chatouillez doucement le ventre de votre bébé en lui disant ce que vous faites. Puis alternez les chatouillements rapides et lents, en expliquant précisément ce qui se passe. Répétez plusieurs fois (pas trop !).

## Jeux de langue

Tenez votre bébé face à vous. Tirez la langue et rentrez-la un grand nombre de fois. Demandez à bébé de vous imiter, puis faites la même chose ensemble.

## Les "brrrr" en l'air

Faites "brrrr" sur le ventre de votre bébé – il aimera le léger chatouillement et le bruit amusant. Puis faites la même chose en l'air – aussi bruyamment que possible. Encouragez-le à vous imiter.

## Je fais le tour...

Faites des chatouilles rapides puis lentes. Chantez *Je fais le tour de mon jardin* en "marchant" avec vos doigts sur sa paume ou autour de son nombril.

# 2 à 3 mois

Le développement de votre bébé s'accélère nettement. À présent, il

- recherche les échanges avec tout son entourage
- contrôle de mieux en mieux certains mouvements – ses muscles se fortifient
- peut voir à n'importe quelle distance.

### Quand jouer

*Profiter des moments d'éveil de votre bébé pour jouer renforce son **attachement** et développe ses **capacités de socialisation**. Il sait maintenant vous montrer s'il a **envie de jouer**, et sera content que vous compreniez ses besoins. Mais surtout, **laissez-vous guider par lui**, ne forcez pas s'il a l'air fatigué ou grognon.*

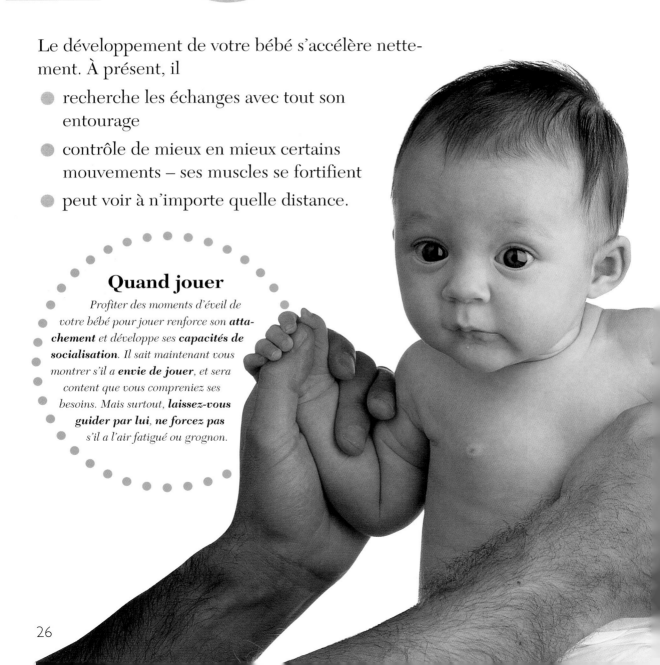

L es changements de ce mois sont remarquables. Votre bébé devient plus fort, il s'exprime davantage, il veut participer à la vie de la famille.

# bouger

Votre bébé apprend vraiment à se servir de son corps et à le contrôler :
• les muscles de son cou sont plus solides, sa tête ballotte moins lorsque vous le mettez en position assise – lorsqu'il est assis, tenu par vous ou en appui, il **tient sa tête** pendant plusieurs minutes, mais son dos reste incurvé
• il peut **lever la tête** et la garder levée lorsqu'il est à plat ventre, et il apprend à **soulever son torse** en s'appuyant légèrement sur ses mains, ses poignets et ses bras
• lorsqu'il est couché sur le dos, il s'exerce à **plier les genoux**
• il apprécie le contrôle qu'il a désormais sur ses mouvements et, lorsqu'il est couché, **donne des coups de pied** et **agite ses bras** en tous sens – c'est pourquoi il ne faut jamais le laisser sans surveillance sur une table à langer ou sur un lit.

## PARLER

Il commence à maîtriser sa voix et ne perd pas une occasion de pratiquer ses divers modes d'expression :
• il manifeste son plaisir par toutes sortes de bruits : **cris aigus**, **roucoulements**, **hurlements**, **gazouillis**
• il recourt au langage du corps, montre qu'il s'amuse par des **mouvements énergiques**
• il peut commencer à ajouter des consonnes à ses voyelles – en général d'abord "**m**", puis les explosives ; aidez-le en lui montrant les **bruits de bouche** ("brrrr")
• il a tendance à utiliser le "p" et le "b" lorsqu'il est mécontent, puis, vers trois mois, des sons **gutturaux** comme "**j**" et "**k**" lorsqu'il est **content**.

"Écoute-moi…
**roucouler, hurler, gazouiller**"

27

## *sociabilité*

Votre bébé apprend qu'il est gratifiant d'être gentil, parce que vous réagissez par des manifestations de tendresse et d'intérêt, des sons apaisants. Pour tester cela, il
- **sourit davantage** et s'attend à votre sourire en retour
- commence à **sourire spontanément** aux nouveaux venus
- tourne la tête au son de votre voix, **sourit**, **agite les bras** et lance des **coups de pied**.

## *mental*

Même à cet âge tendre, il pense beaucoup et
- est fasciné par son propre corps, commence à comprendre qu'il peut le faire bouger – première étape dans la compréhension de la relation de cause à effet
- aime **observer attentivement** ses mains et ses doigts en les faisant bouger devant ses yeux
- est **attiré par les objets mobiles** et contrôle suffisamment sa tête pour suivre des yeux un objet qui bouge lentement. Si vous tenez devant lui un objet de couleur vive, après un temps pour fixer son regard, il le **suit des yeux** lorsque vous le déplacez – dans une ou deux semaines, il le **fixera instantanément** et suivra facilement ses déplacements
- **est très curieux** et observe avec intérêt ce qui se passe autour de lui : asseyez-le avec la tête appuyée.

"Je dis bonjour à mon frère…
# je souris et
# je gigote"

## mains

Les mouvements de ses mains sont bien plus efficaces, et sa **coordination œil-main** beaucoup plus précise. On le remarque dans tout ce qu'il fait :
- il **tire** et "**épluche**" ses vêtements, parce que sa capacité de **préhension** s'améliore
- il **étudie** souvent ses mains, qui sont pour lui un sujet d'intérêt constant
- il **tend la main** comme pour saisir un objet qui l'intéresse, et regarde l'objet avec attention – mais il ne pourra pas le saisir avant le mois suivant
- il **tient un hochet** pendant une ou deux minutes parce qu'il ne peut pas lâcher prise volontairement ; lorsqu'il le laisse tomber, il ne cherche pas à le reprendre – vers trois mois, il commencera à agiter le hochet et découvrira qu'il peut faire du bruit avec.

# L'Heure Magique

La communication est le mot-clé du mois – votre bébé commence vraiment à se faire entendre, et vous êtes son interlocuteur préféré.

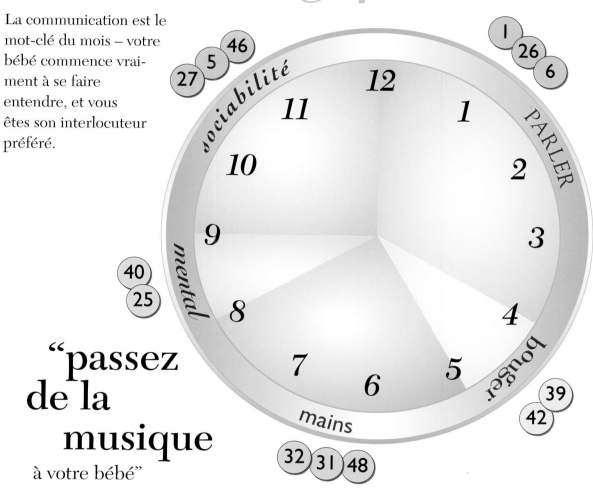

"passez de la musique à votre bébé"

## PARLER

**Réagissez** aux nombreuses sortes de bruits que fait maintenant votre bébé en lui parlant autant que possible, toujours **les yeux dans les yeux**. Reproduisez tous les sons qu'il émet.

## mains

Votre bébé s'intéresse beaucoup à ses mains et les regarde sans cesse : **stimulez** ses doigts et ses paumes par des jeux de doigts. Accessoires : **hochet, briques de textures variées**

## *sociabilité*

Votre bébé commence à réagir à votre présence (et donc à votre absence) : lorsque vous entrez dans la pièce, **dites-lui bonjour** de manière très démonstrative.

# ⑤ Jeux de bain

Pour votre bébé, l'heure du bain peut être l'occasion non seulement de jouer avec une certaine **liberté** de mouvements, mais aussi d'apprendre en s'amusant. Avec l'eau, on peut éclabousser, la faire couler fort ou doucement, remplir des récipients, faire flotter ou couler des objets – un vrai laboratoire d'expériences !

## LA SÉCURITÉ D'ABORD

Ne laissez jamais votre bébé seul dans son bain, même s'il se tient assis sans aide ; utilisez toujours un tapis antidérapant.

*Avant que bébé se tienne assis :*

### Plier les genoux

Pendant que vous ou votre partenaire soutenez les épaules et la tête de bébé, pliez doucement ses genoux dans l'eau pour l'encourager à pédaler.

### Les éclaboussures

Tenez votre bébé comme précédemment, pliez doucement ses coudes pour l'encourager à taper dans l'eau. Puis massez-le avec une éponge ou un gant en tissu doux.

*Quand bébé tient assis tout seul :*

### Canards plongeurs

Faites flotter des canards en plastique. Dites "coin-coin", et voyez si bébé vous imite. Immergez-les et regardez les remonter brusquement.

### Remplir et vider

Montrez à votre bébé comment remplir et vider un gobelet. Donnez-lui d'autres récipients à remplir et à vider.

### Aptitudes

développées par les "Jeux de bain" :
• s'amuser • dominer la peur
• mobilité • relation de cause à effet
• contrôle de la tête • posture
assise • compréhension des
concepts • imagination

**2** à **12** mois    ✓ mental    parler    ✓ bouger    ✓ mains    ✓ sociabilité

# ⑥ Bulles de savon

Les bulles de savon sont une source inépuisable d'**amusement** et de **fascination** pour les bébés dès l'âge de trois mois environ, et tout au long de l'enfance. Commencez avec un bain moussant spécial pour bébé, puis passez aux bulles soufflées à travers un anneau en plastique, que votre bébé essaiera d'**attraper**.

**Aptitudes**
développées par
les "Bulles de savon" :
• langage • conversation
• contrôle du souffle • sociabilité
• expérimentation • vision
• anticipation

## Le bain de mousse

Préparez un bain de mousse. Soufflez doucement sur une poignée de mousse pour l'envoyer sur le ventre de bébé. Encouragez-le à tapoter les bulles et à les regarder flotter autour de lui.

## Les mains savonneuses

Savonnez bien vos mains, puis faites un rond entre votre pouce et votre index pour former un film de savon. Dites à votre bébé de bien regarder, puis soufflez très lentement pour faire une bulle. Essayez de faire les bulles les plus grosses possible jusqu'à ce qu'elles éclatent. Bébé va adorer ça !

## Attraper des bulles

Avec un anneau spécial, faites des quantités de bulles près de votre bébé. À mesure que sa capacité de préhension se développera, il s'amusera de plus en plus à essayer d'attraper les bulles qui passent devant ses yeux ou à les regarder éclater toutes seules. Lorsqu'il apprendra à pointer du doigt (vers huit ou neuf mois), encouragez-le à faire éclater les bulles lui-même. Attention, utilisez un mélange qui ne risque pas de lui piquer les yeux.

**3** à **12** mois     ✓ mental   ✓ parler   bouger   mains   ✓ sociabilité

# 3 à 4 mois

Pendant ce mois, vous remarquerez un grand changement dans la relation de votre bébé au monde. Cela parce qu'il

- est davantage éveillé dans la journée
- risque moins d'être agité et d'avoir mal au ventre le soir
- reconnaît les visages et lieux familiers
- aime les blagues et veut montrer qu'il sait rire avec vous.

## Doigts et orteils

*À cet âge, votre bébé commence à faire bouger volontairement ses **mains** et ses **pieds**. Pour lui, **les doigts des mains et des pieds** ont la même importance, parce qu'il n'a pas encore appris que les mains peuvent faire davantage de choses. Il est donc important de **jouer** avec ses **orteils** autant qu'avec les doigts de ses mains.*

# La fascination de votre bébé pour ses mains et ses pieds est charmante. Mais ce n'est pas un simple passe-temps : il apprend des leçons essentielles.

## bouger

Pour pouvoir observer ce qui se passe autour de lui et y prendre part, votre bébé a besoin d'être adossé ou maintenu en position assise. Ce sera plus facile à présent qu'il peut
• se tenir assis **le dos droit** et non courbé comme les deux premiers mois
• **contrôler en partie les mouvements de sa tête**, bien qu'il ait besoin d'un petit soutien, car sa tête continue à ballotter un peu lorsqu'il la tourne
• **se soulever** complètement, en appui sur ses bras largement écartés, lorsqu'il est à plat ventre – dans cette position, il essaie de regarder droit devant lui, sans y parvenir encore tout à fait.

## PARLER

Votre bébé commence à essayer de "parler" avec vous, car désormais il
• produit des sons plus complexes que voyelle + consonne
• essaie d'**imiter** vos phrases en enchaînant les sons ou en prononçant des "mots" comme "gaga" ou "agueuh"
• a tout un **répertoire** de sons et, vers 16 semaines, **exprime ses sentiments**, le plus souvent de plaisir, par des gloussements, des éclats de rire et des cris aigus
• sait **souffler** et faire des bruits avec sa bouche – et le démontre volontiers.

## mains

Ses mains et ses doigts deviennent son jouet favori – ils sont disponibles en permanence – et il
• passe des heures à **regarder** ses doigts bouger
• peut faire **bouger** ses mains et ses pieds ensemble ou séparément **à volonté**
• peut **tenir un jouet** en rapprochant ses deux mains – découverte merveilleuse
• peut **poser un pied sur le genou opposé** et tourner ses pieds pour les poser à plat sur le sol – essentiel pour l'apprentissage de la marche par la suite
• **secoue son hochet** pour écouter le bruit qu'il fait, mais ne peut pas encore le ramasser seul
• peut **tendre les mains vers un jouet**, mais le manque parce qu'il ne calcule pas bien les distances.

## Il aime rire

*Votre bébé apprend à être **drôle**, à faire des **farces**, à aimer les jeux qui le font rire, lui et vous. Tous les bébés adorent faire rire les autres, parce que c'est un retour instantané. Il sait que vous êtes content de lui, qu'il capte votre attention – son passe-temps préféré ! **Rire** est bon pour vous comme pour lui, car cela **renforce** le système immunitaire.*

"**commentez** à votre bébé **tout ce qui se passe**"

## *sociabilité*

Votre bébé est naturellement **extraverti** et, à cet âge, pas du tout timide. On le voit clairement au fait qu'il

• **regarde**, **sourit**, **couine** et **gazouille** quand une personne, même inconnue, lui parle ou s'intéresse à lui

• connaît ses parents et sa famille, et **reconnaît les animaux familiers**

• **se sent facilement seul** et vous fait savoir qu'il n'aime pas rester longtemps seul lorsqu'il est éveillé

• **cesse de pleurer** à votre arrivée, se montre heureux de votre présence

• **gigote** en vous voyant

• **utilise le rire** pour vous charmer.

## *mental*

La perception visuelle de votre bébé mûrit, il :

• évalue les différences de forme et de taille des objets et leurs positions relatives (voir Activité 9), parce qu'il est **curieux des détails** et distingue les contours des objets

• **aime les dessins** géométriques de toute sorte et différencie les couleurs

• **reconnaît la photo** d'une personne aimée, surtout la vôtre !

Son cerveau se développe à la vitesse grand V, ce qui se traduit par une plus grande curiosité.

En particulier, il :

• **s'intéresse à tout ce qu'il voit** lorsqu'il est adossé en position assise

• s'intéresse à la nouveauté en tout : visages, jouets, sons, situations

• est assez **confiant** pour regarder autour de lui avec intérêt dans une pièce inconnue

• reconnaît les rituels quotidiens comme le bain ou le repas, et **y prend plaisir**

• **apprécie les blagues** comme les "tut" sur le nez.

# L'Heure Magique

Votre bébé devient vraiment habile de ses mains. Il commence à **tenir** les objets que vous lui mettez en main, à les **faire balancer** s'ils sont suspendus à sa portée. Il fait aussi d'énormes **progrès intellectuels**.

sociabilité PARLER bouger mains mental

4 7 27 47 39 42 29 3 8 9 48 40 28

## mental

Ses yeux et son cerveau font beaucoup de choses, notamment **distinguer** la taille, la forme et la position relative des objets. Pour le vérifier, vers 16 semaines, essayez le "Casse-tête pour bébé". Il **s'attend aux rituels** comme les repas ou les bains : Faites-en des événements, et **décrivez** toujours vos actions. Accessoires : **miroir, mobile**

## "Chatouille-moi et…
# regarde-moi rire"

## mains

Continuez à lui donner un **hochet** à agiter pour qu'il fasse du bruit tout seul. Donnez-lui des **jouets** à tenir à deux mains, installez un **portique d'éveil** à sa portée. Accessoires : **hochet, portique d'éveil**

## bouger

Il a besoin de se tenir assis : **adossez-le** le plus souvent possible. Aidez-le à mieux contrôler sa tête avec les **"pompes" pour bébé** : couché à plat ventre, il prendra appui sur ses bras pour soulever son corps et sa tête.

# ⑦ Mains et doigts

**Aptitudes**

développées par
"Mains et doigts" :
• *mouvement fin des doigts*
• *dextérité manuelle* • *coordination*
• *sociabilité* • *humour*
• *sentiments et émotions*
• *imitation* • *langage*

Les jeux préférés des bébés comportent presque toujours un **apprentissage inconscient**. Dans tout jeu, il y a un **moment pour enseigner**, à condition de rester très doux et de savoir s'arrêter quand bébé en a assez. Il en va de même pour les jeux de mains : dès trois mois, votre bébé **sait se servir de ses mains et de ses doigts**. Les jeux qui suivent sont interchangeables avec l'Activité 29 (*Pieds et orteils*).

## Je fais le tour de mon jardin

Jeu de chatouilles classique :
Je fais le tour de mon jardin
(*faites tourner votre doigt sur la paume de bébé*)
Comme un petit ours
Une, deux, une, deux
("*grimpez*" *le long de son bras avec votre index et votre majeur*)
Guili guili guili !
(*chatouillez-le sous le bras ou sous le menton*).

## Petit pouce

Jeu pour différencier les cinq doigts de la main :
Petit pouce, petit pouce, où es-tu ?
Me voilà, me voilà, comment vas-tu ?
(*Remuez le pouce de votre bébé ou le vôtre.*)
Faites de même avec les autres doigts (index, majeur, annulaire, auriculaire), en les désignant successivement. (Vous pouvez leur donner des prénoms, des noms d'animaux, par exemple : lapin, poussin, poulain, chien, dauphin…) Terminez par :
Cinq petits doigts, cinq petits doigts, où êtes-vous ?
Nous voilà, nous voilà, comment allez-vous ?
(*Agitez les cinq doigts ensemble.*)

**3** à **12** mois    ✓mental    ⬤ parler    ⬤ bouger    ⬤ mains    ✓sociabilité

# ⑧ Le voilà !

Le jeu de cache-cache (ou "Coucou, le voilà !" – ou "me voilà") est l'un des plus connus. Il est si familier qu'on se souvient rarement qu'il repose sur deux notions essentielles pour votre bébé. D'abord, qu'une chose **existe** même lorsqu'il ne peut pas la voir. Cela nourrit sa **curiosité** naturelle envers le monde qui l'entoure. Ensuite, bébé apprend à **anticiper** les événements à venir et à s'y **attendre**. Cela développe la **mémoire**, l'acceptation de la routine, et la notion complexe de "**futur**" – ce qui arrive ensuite.

### Cacher…

Posez simplement vos mains sur votre visage : "Où est papa ?" Puis ôtez-les de façon théâtrale : "LE VOILÀ !"

### …et retrouver

Tenez une couverture devant le visage de bébé : "Où est maman ?" Lâchez la couverture : "La voilà !" Recommencez en encourageant bébé à l'enlever lui-même : "Voilà ! Tu as trouvé maman !"

### Où est Nounours ?

Vers huit ou neuf mois, votre bébé se cachera sous une couverture ou une serviette pour être trouvé à son tour. Vous pouvez aussi cacher un jouet en peluche. Pour renforcer la notion d'événement à venir, demandez non seulement "Où est Nounours ?", mais aussi "QUAND Nounours va-t-il revenir ?"

### Aptitudes

développées par "Le voilà !" :
• vision • observation
• concentration • mémoire
• anticipation • confiance
en soi • notion d'absence

3 à **12** mois ✓ mental ✓ parler ○ bouger ✓ mains ✓ sociabilité

# 4 à 5 mois

Votre bébé commence à percevoir les situations nouvelles ou inhabituelles, il apprend à exprimer ses sentiments. Il est temps d'introduire des jeux et des jouets qui lui donnent ses premières sensations de réussite. Le cinquième mois, il

- veut apprendre et imiter
- se concentre de mieux en mieux
- commence à contrôler ses mains
- aime participer à des jeux.

## mains

Votre bébé s'aperçoit que ses mains sont des **instruments** extraordinaires, il

- a découvert ses **orteils** et la possibilité de les porter à sa **bouche**
- **met tout**, y compris ses mains, dans sa **bouche**, qui est l'endroit le plus sensible de son corps
- essaie pour la première fois d'**agripper** ses jouets avec la main ouverte, paume tournée vers le bas, en **repliant ses petits doigts** vers sa paume – il ne peut donc saisir que d'assez gros objets, sa préhension fine n'étant pas encore développée
- **tend la main** pour saisir ou frapper tous les objets – attention aux cheveux longs !
- aime **froisser** papier, tissus et couvertures.

## Le détournement du regard

*Votre bébé ne sait pas encore dire non, mais, si vous êtes attentif, vous reconnaîtrez le moment où il en aura assez de jouer. Il va **détourner le regard** et **refuser** de vous regarder. C'est le moment de faire un câlin ou de le **distraire** d'une autre façon. Si vous ne réagissez pas à ce détournement, votre bébé ne pourra s'exprimer que par les **pleurs**.*

Sa personnalité s'affiche désormais clairement. Il n'est plus un inconnu pour vous : vous comprenez ses besoins, il sait que vous allez les satisfaire.

"Jouons à… **ce petit cochon"**

## *mental*

La personnalité de votre bébé s'affirme, il entre en relation avec de nouvelles personnes, et il

• possède un vrai **répertoire d'émotions** : peur, colère, dégoût, frustration, tristesse, plaisir, et attend en retour des réactions de sympathie – que vous lui devez, parce que cela l'aide à mieux accepter ses émotions

• **aime tous les jeux**, parce que c'est ainsi qu'il apprend, et il est prêt à participer à tout ce que vous lui proposez – même à des jeux aussi simples que s'éclabousser dans le bain : il observe avec attention ce que ses mains et ses pieds font avec l'eau

• apprend à se **concentrer**, passe de longues minutes à observer un objet qu'il tient et à le retourner aussi longtemps qu'il le peut – mais il le laisse souvent tomber

• **sourit à son image** dans le miroir, sans être encore vraiment conscient que c'est lui-même

• agite bras et jambes pour **attirer votre attention** et produit des bruits pour **vous faire venir**

• **apprécie le sein ou le biberon**, et les tapote pendant la tétée.

# bouger

Ses muscles se développent rapidement. Il contrôle de mieux en mieux sa tête, et peut
- **bouger la tête de côté et d'autre** sans difficulté et sans qu'elle ballotte
- **tenir sa tête** sans qu'elle parte en arrière quand on l'assoit – **une étape essentielle de**

**son développement**
- **garder la tête droite** lorsqu'il est assis, même si vous le balancez doucement
- **soulever son torse** lorsqu'il est à plat ventre sur le sol et **regarder devant lui**, en restant en appui sur ses bras.

## PARLER

Durant ce mois, votre bébé essaie diverses voyelles et consonnes. Il développe de nombreux signaux de communication non verbale pour manifester ses besoins. Ainsi, il
- **s'accroche** à vous désespérément lorsqu'il ne veut pas que vous le posiez
- peut **vous repousser** s'il est mécontent et ne veut pas qu'on s'occupe de lui
- **détourne la tête** s'il n'aime pas quelque chose.

### Le ton de la voix

*Votre bébé est **perturbé par un ton de voix coléreux**. Si votre voix semble fâchée, il vous regarde pour voir si vous êtes vraiment en désaccord avec lui. C'est la base de toute discipline à l'avenir – et il vous suffit de changer le ton de votre voix. **Il aime les voix amicales** et est quasiment prêt à tout pour en entendre, y compris se retenir de faire une chose qu'il désire.*

## sociabilité

Votre bébé apprend à exprimer ses sentiments de toutes sortes de façons. À la fin de ce mois, il
- **connaît très bien votre voix** et ses modulations, et n'aime pas le ton différent que vous prenez pour dire "**Non**", même s'il ne sait pas encore ce que cela veut dire
- **sourit** avec joie pour accueillir ceux qu'il connaît
- **manifeste ses humeurs** par des mouvements du corps, des mimiques, des sons, et plus seulement par des pleurs.

# L'Heure Magique

Dans un mois ou guère plus, votre bébé pourra **s'asseoir sans aide**. En prévision de cette **étape essentielle** dans l'apprentissage de la marche, aidez-le à renforcer les muscles de son cou et de son dos.

## "souriez toujours

à votre bébé"

## bouger

À présent que son torse est solide et mobile et qu'il contrôle parfaitement sa tête, vous pouvez le faire **sauter** sur vos genoux. Il peut aussi commencer à **rouler** sur lui-même : faites des jeux au sol et des roulés-boulés.

## mains

Il **saisit les jouets** avec sa main ouverte : mettez-les à sa portée. Comme il aime toujours beaucoup ses orteils, continuez les **jeux pour les pieds et les orteils**. Accessoires : **ballon, hochet, briques texturées**

## mental

Il veut absolument **apprendre** et **imiter** : essayez de nouveaux jeux **actifs** avec des **comptines**. Donnez-lui des objets à **manipuler** et à examiner pour qu'il développe toutes ses **capacités**. Accessoires : **mobile, hochet**

# ⑨ Casse-tête pour bébé

Observez avec quelle intelligence stupéfiante votre bébé de tout juste 16 semaines joue à ce jeu. Il est déjà un as du **raisonnement** non verbal et est capable, par exemple, de faire la **distinction** entre **grand** et **petit**.

Fabriquer des cartes de formes
Prenez quatre cartes d'au moins 21 cm de hauteur. Sur la première, tracez un petit cercle au-dessus d'un grand cercle ; sur la deuxième, un petit losange au-dessus d'un grand ; sur la troisième, un petit triangle au-dessus d'un grand ; enfin, un grand triangle au-dessus d'un petit (voir ci-dessous). Coloriez l'intérieur des formes avec une couleur vive, rouge ou bleu.

### Cercles et losanges

Montrez à votre bébé la carte avec les cercles, puis celle avec les losanges.
Il remarquera qu'il y a sur les deux cartes une petite forme au-dessus d'une grande.

### Triangles

Montrez maintenant la troisième carte (un petit triangle au-dessus d'un grand). Si, avec les deux premières cartes, votre bébé a compris que le petit était au-dessus du grand, ce dessin ne l'intéressera pas du tout. Mais si vous lui montrez alors la quatrième carte, où le grand triangle est au-dessus du petit – donc un tout nouveau concept –, vous le verrez probablement manifester un regain d'intérêt.

*4* à *12* mois    ✓ mental    ● parler    ● bouger    ● mains    ● sociabilité

# ⑩ Oui et non

À partir de quatre mois, votre bébé va **"s'arrêter"** lorsque vous direz "non" fermement, parce que cela signifie que vous lui retirez provisoirement votre approbation – c'est le **premier pas vers la discipline.** Ces jeux l'aident à comprendre que le "non" a une autre fonction plus radicale, celle d'**opposé du "oui"**, et introduisent les notions générales de **négatif** et de **positif** – base de toute **analyse intellectuelle.** Ces jeux simples préparent le langage en utilisant les signaux non verbaux : **secouer et hocher la tête**.

**Aptitudes**

développées par "Oui et non" :
• *pensée cognitive* • *mémoire des mots* • *observation* • *conversation* • *tour de parole* • *langage corporel* • *usage des mots (non verbal, avec leur sens)*

## Questions et réponses

Assis par terre avec votre bébé, des jouets devant vous, choisissez un jouet ou un cube et montrez-lui que vous le prenez. Cachez-le ostensiblement derrière votre dos et demandez : "Est-ce que papa a le cube ?" Dites "Oui !" en hochant la tête et encouragez bébé à hocher la tête aussi. Recommencez jusqu'à ce qu'il ait compris l'idée. Puis cachez le cube sous une couverture, dites : "Est-ce que papa et Max peuvent voir le cube ?" et secouez la tête : "Non !"

## "Est-ce un... ?"

Prenez un livre avec des images simples d'animaux familiers, et demandez à votre bébé s'il connaît chaque animal. Montrez le chat : "Est-ce que c'est un chat ? Oui !" Hochez la tête vigoureusement et encouragez-le à faire de même. Montrez le canard : "Est-ce que c'est un chat ? Non !" Secouez la tête et incitez bébé à vous imiter. Au bout de deux ou trois fois, il le fera de lui-même. Félicitez-le chaque fois qu'il tombe juste.

**4** à **12** mois    ✓mental    ✓parler    bouger    mains    sociabilité

# 5 à 6 mois

Le sixième mois est un grand tournant pour votre bébé, qui

- se rend compte que les gens et les choses continuent d'exister lorsqu'il ne les voit plus
- commence à suivre le schéma de la conversation avec des vocalisations variées
- tiendra peut-être assis sans aide pour de courtes périodes vers la fin de ce mois
- commence à se servir de ses deux mains pour coordonner la tenue et l'orientation d'objets tels que son biberon.

Votre bébé est de plus en plus mobile : il a hâte de se

# Bébé commence à babiller et il veut qu'on l'entende. Sa coordination œil-main s'améliore : il est très content de lui… et il a bien raison !

## lancer !

## bouger

Il a toujours plus de **force** et de **mobilité**, et il
• fait des **tractions** ("pompes") sans problème
– en appui sur ses mains pas trop écartées,
il soulève seul sa tête, son torse et son
abdomen et, dans cette position, il
**tient sa tête levée** et **regarde
en avant** ; il essaie aussi de
**s'appuyer sur une seule
main**
• peut tenir assis sans aide
pendant quelques secondes
en s'appuyant sur

ses mains posées entre ses jambes
• **tient assis adossé** à des coussins dans sa
chaise haute pendant quelques minutes
• soulève sa tête à l'avance quand vous lui
montrez que vous allez le redresser pour
l'asseoir
• peut **rouler sur lui-même** pour se mettre
sur le dos
• veut supporter son poids seul quand vous le
tenez debout sur vos genoux, mais ses genoux
fléchissent – il **plie** et **détend** ses jambes
en sautillant.

## PARLER

Il comprend
ce qu'est **parler à son
tour**, et **essaie de nouveaux
sons**. Écoutez-le, il
• cherche à discuter avec son **image
dans le miroir** et se "parle" à lui-
même en roucoulant
• s'efforce d'**imiter** vos paroles et **se
sert beaucoup de sa langue**, la tire,
joue à la faire bouger entre ses lèvres
• a un **répertoire** de sons grandissant,
fait beaucoup de **bruits mouillés** avec
ses lèvres ("brrrr", "pffff")
• commence à réagir à son
**nom** – prononcez-le

en toute occasion, cela l'aide à
acquérir le **sentiment du moi** et
à se sentir important
• émet des sons spécialement pour
**attirer votre attention**, essayant
même de **tousser**
• commence à faire des associations
simples voyelles-consonnes, à dire
"**ka**", "**da**", "**ma**", "**aga**"…
• **comprend** des bouts de phrases,
comme "Tiens, ton biberon", "Papa
arrive", "Oui", "Non"
• commence à **babiller** – répète
inlassablement des sons, écoute,
puis recommence.

45

# mains

Il contrôle beaucoup mieux ses mains à présent, et il

• peut **agripper** un cube avec toute sa main, mais avance encore le petit doigt en premier

• peut **lâcher prise** volontairement et **laisser tomber** un objet pour en prendre un autre

• peut **tenir son biberon** à deux mains et le **diriger** sans aide vers sa bouche

• **attrape encore ses pieds** lorsqu'il est sur le dos et met ses orteils dans sa bouche (un garçon peut aussi saisir son pénis)

• assis en appui, **observe de près** les objets qu'il tient et les retourne en tous sens

• a envie de **manger seul** et le fera si vous lui donnez des aliments faciles à prendre avec les doigts.

# *mental*

Votre bébé sait ce qu'il veut et sait se faire comprendre. De plus, il

• continue à aimer se regarder dans un **miroir**, mais a franchi une étape dans la fascination : à présent, il **vocalise devant son image** comme pour un autre bébé

• est capable d'**anticiper** l'arrivée de quelqu'un en entendant ses pas, **s'anime** parce qu'il sait que quelqu'un est là avant même de l'avoir vu

• connaît la peur, **s'inquiète** quand vous quittez la pièce et qu'il ne vous voit plus

• utilise beaucoup de **gestes** différents pour faire savoir ce qu'il veut, et surtout ce qu'il **aime** et **n'aime pas**

• est **curieux** de savoir où va son hochet lorsqu'il le **laisse tomber**, et le **cherche du regard**

• **aime les jeux** de cache-cache et rit lorsque vous lui cachez la tête sous une serviette

• sait mieux **saisir** les objets, car il devient capable d'apprécier la distance entre lui et l'objet qu'il veut (**coordination œil-main**).

# *sociabilité*

Vous remarquez ses premiers **témoignages d'affection** – il

• vous fait beaucoup d'avances et **veut vous toucher**, mais a tendance à vous taper un peu fort, parce que ses mouvements ne sont pas encore assez affinés

• **aime votre visage** – y frotte son nez, le caresse, mais peut aussi attraper une poignée de cheveux !

• vers la fin de ce mois, peut commencer à devenir **timide avec les étrangers** – **cache sa tête** contre vous lorsqu'un inconnu lui parle ou vous parle, et peut pleurer si un inconnu le prend dans ses bras.

"J'aime copier, je suis un...
# imitateur-né"

# L'Heure Magique

Votre bébé devient de plus en plus **démonstratif**, il **veut vous montrer son affection** en vous touchant et en vocalisant. Mettez en scène votre tendresse en poussant des exclamations, et par des gestes et des caresses.

## "chantez toujours

pour votre bébé"

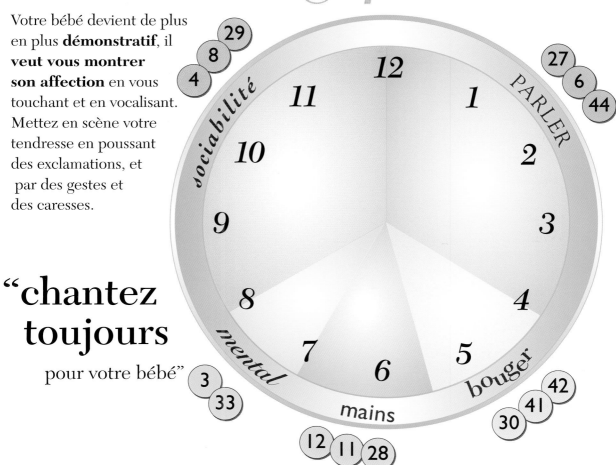

## sociabilité

Faites-lui **toucher votre visage** et dites en même temps : "Bonjour !" Placez un miroir devant lui de façon qu'il puisse se voir, et aidez-le à **tapoter son image**. On peut faire beaucoup de jeux avec le miroir. Apprenez-lui à **témoigner de l'affection** en tapotant et en caressant les animaux familiers et les jouets en peluche, montrez-lui des images d'animaux avec leurs petits.
Accessoires : **livres, jouets à câliner**

## PARLER

**Parlez-lui le plus possible** – racontez tout ce que vous faites, lors des sorties, montrez des choses intéressantes, surtout les **animaux**. **Répétez** des phrases et félicitez-le lorsqu'il montre qu'il comprend. **Chantez-lui des chansons** et dites-lui des **comptines**. Faites des **jeux de mains**. Lisez des livres avec lui, en montrant et en nommant des animaux dont vous imitez les bruits.
Accessoires : **musique enregistrée, livre d'animaux**

# ⑪ Battre des mains

Tout jeu utilisant le **rythme,** la **rime,** l'accentuation ou la **musique** favorise déjà la **parole** ; mais faire tout cela ensemble, c'est formidable. Les bébés adorent battre des mains, car cela associe rythme, bruit et musique. **Applaudir** et **taper** avec les mains sont des facultés qui se développent assez tôt ; bébé pourra donc vite vous **égaler** dans ces jeux.

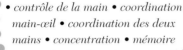

**Aptitudes**

développées par les
"Battements de mains" :
• *contrôle de la main* • *coordination main-œil* • *coordination des deux mains* • *concentration* • *mémoire*
• *observation* • *langage*
• *imitation*
• *participation*

## Une balle pour bébé

Petite scène à jouer avec votre bébé :
Voici une balle pour bébé
Une balle ronde (*formez une boule avec vos mains*)
Voici un marteau pour bébé
Regarde comme il tape !
(*tapez avec votre poing*)
Voici des petits lutins
Tous en rang pour bébé !
(*pointez les doigts en l'air*)
Voici une petite chanson
Tape, tape dans tes mains !
(*tapez dans vos mains en chantant une chanson connue*)

## Fais un gâteau

Frappez la main de votre bébé contre la vôtre jusqu'à ce qu'il puisse applaudir :
Boulanger, boulanger, fais-moi un gâteau ! (*frappez vos mains en rythme*)
Tourne la pâte, vite, vite !
("*mélangez*" la pâte)
Tape dessus (*tapotez la main de bébé*), pique-le (*donnez de petits coups d'index sur la main de bébé*), dessine un B ! (*tracez un* "*B*" *sur la paume de bébé*)
Et mets-le dans le four pour bébé et moi ! (*faites mine de mettre le gâteau dans le four*)

**5** à **12** mois ✔mental ✔parler ○ bouger ✔mains ✔sociabilité

# ⑫ Briques et cubes

Les jeux de construction et cubes traditionnels en bois sont stimulants pour votre bébé de bien des façons. Bien avant de savoir les **empiler**, il pourra en **saisir** un, l'**étudier** et le retourner dans ses mains. Puis il saura en **tenir un** dans chaque main, et peu après les **frapper** l'un contre l'autre bruyamment, pour son plus grand plaisir. Il essaiera de les empiler vers 11 mois, lorsqu'il saura aussi bien les **tenir** que les **lâcher** dans la bonne position.

## Aptitudes

développées par "Briques et cubes" :
- *préhension fine* • *lâcher-prise*
- *manipulation* • *coordination œil-main* • *concentration*
- *relation de cause à effet*
- *force* • *mise en place*

## Choisir une brique

Mettez-lui en main des briques de différentes formes. Décrivez ces différences : "Cette pièce ronde est rouge. Elle roule par terre." "Cette brique jaune est carrée, elle a des bords. Tu peux en poser une autre dessus." Laissez-le les examiner et choisir celles qu'il veut prendre.

## Tout est tombé

Lorsqu'il tient assis seul, construisez une tour de briques devant lui, il la fera tomber très vite. Frappez deux briques ensemble, chacun en tenant une, ou faites-le frapper avec celle qu'il tient sur une rangée de briques posées par terre.

## Empiler des cubes

Lorsqu'il a bien intégré le lâcher-prise, encouragez-le peu à peu à construire sa propre tour – un cube sur un autre, puis davantage. Faites un pont de briques et montrez-lui comment faire passer dessous des petits jouets…

**5** à **12** mois ✓ mental • parler • bouger ✓ mains • sociabilité

# 6 à 7 mois

À présent, votre bébé tient assis sans aide, ce qui accroît beaucoup son indépendance et sa confiance en lui. Il

- sait de mieux en mieux s'affirmer
- exerce et développe ses facultés vocales
- devient plus sociable.

## Parler bébé

*Renforcez le plaisir qu'a votre bébé à vocaliser en répétant les sons identifiables qu'il émet, comme "ba", "da", "ka". S'il* **babille beaucoup,** *essayez d'imiter ses modulations, puis faites un son nouveau et attendez sa réponse. Il apprendra bientôt à* **répondre à son tour** *et essaiera peut-être de* **reproduire** *vos sons.*

# Votre bébé semble à présent plus calme et plus ouvert : la position assise lui donne une vision du monde nouvelle et passionnante.

## *mental*

Votre bébé commence véritablement à comprendre ce qui l'entoure, sa mémoire fait des progrès – il peut **anticiper la routine quotidienne** et le rituel des jeux familiers. Cela se voit à la façon dont il
• **aime son image** dans le miroir et la tapote avec plaisir – il va aussi tapoter et caresser votre visage en signe de tendresse, il s'habitue à éprouver de l'affection et à la manifester
• **connaît son nom** et y répond
• **vous imite**, par exemple lorsque vous tirez la langue
• **anticipe** ce que vous allez faire dans un jeu que vous répétez de nombreuses fois
• est capable de **trouver un objet en partie caché** sous un tissu, aime jouer à "Coucou, le voilà !"
• est très près de **comprendre** la signification du "Non !" – il y réagit par un arrêt de son geste, un mouvement de recul, un regard interrogateur. À ce moment-là, répétez votre "Non !"

## PARLER

Votre bébé commence à faire de vraies expériences de conversation avec lui-même comme avec vous, et il
• **babille** sans interlocuteur particulier, pour le plaisir d'entendre le son de sa voix
• **prend l'initiative de la conversation** au lieu d'attendre que vous parliez
• émet de nombreux sons identifiables
• cherche à **imiter des bruits** que vous faites, en particulier les bruits d'animaux ("coin, coin"…)
• a tout un répertoire de sons avec des significations non verbales
• produit ses premiers **sons nasalisés**
• peut faire des **mouvements de mastication** et donc mâcher des aliments solides – mastiquer lui fait prendre conscience de sa bouche et l'aide à développer le langage.

## *sociabilité*

Il aime la compagnie, mais devient plus réservé et apprécie aussi d'être seul. Il
• **reconnaît** les autres bébés comme semblables à lui et tend la main vers eux en signe d'amitié
• **tapote** les autres bébés ou sa propre image comme il fait avec vous
• **vocalise** pour lui-même ou pour d'autres bébés comme pour vous
• **participe** à des jeux comme "Fais un gâteau" et "Ce petit cochon"
• est très **sociable** et veut être compris de vous ; pour cela, il rit, tousse, pleure, crie, fait des bruits des lèvres, sourit et fronce les sourcils.

# bouger

Il fera de grands progrès ce mois-ci. À présent, il
- peut lever une main et rester en appui **sur un seul bras** lorsqu'il est à plat ventre, relevé en traction
- peut **rester longtemps assis** sans soutien
- est assez fort pour **lever la tête** afin de regarder autour de lui lorsqu'il est couché sur le dos
- peut **rouler** pour se mettre à plat ventre s'il est sur le dos (bien plus difficile que dans l'autre sens)
- se sert de ses muscles pour **tendre ses jambes** sans vaciller et porte tout son poids lorsque vous le tenez debout sur vos genoux.
- sautille par flexion et extension des chevilles, des genoux et du bassin.

# mains

La préhension de votre bébé s'affine, et il
- **tend la main** vers un cube pour le prendre avec les doigts et non plus avec la paume ouverte
- fait facilement **passer un jouet** d'une main à l'autre
- tend une seule main et non plus les deux pour prendre un jouet
- **garde** un cube dans une main pour prendre de l'autre main un cube qu'on lui présente.

Sa coordination s'améliore également, et il
- **tape** du plat de la main
- mange avec les doigts et peut aussi **tenir une cuillère**, même s'il ne vise pas encore très bien
- peut boire dans une tasse à deux anses.

## Permanence de l'objet

*Bébé commence à devenir capable de concevoir qu'un objet existe même lorsqu'il ne peut pas le voir, que ce soit un jouet ou sa mère – c'est ce que les psychologues appellent la "permanence de l'objet" ou de la personne. Avec votre aide, il trouvera sous un tissu un objet dont une petite partie reste visible. Dans un ou deux mois, il apprendra à le chercher même s'il ne le voit pas.*

# L'Heure Magique

Sa prise devient toujours plus précise – c'est la clé de bien d'autres apprentissages et de l'indépendance. Il est très adroit pour porter des objets à sa bouche afin de les étudier : ne le laissez pas prendre des objets trop petits qu'il risquerait d'avaler. Il contrôle à présent beaucoup mieux ses mains et ses bras.

*sociabilité* PARLER

*mental* *bouger*

mains

29 44 27 47 14 13 3 12 11 2 3 5 38 45 4 5 23 12 11

## mains

Donnez-lui des choses à manger avec les doigts, son biberon à tenir, une tasse à deux anses. Faites-lui prendre avec les doigts de petits objets (mais assez grands pour qu'il ne risque pas de s'étouffer en les avalant). Il aime **faire du bruit** : apprenez-lui à taper du plat de la main, jouez à "Fais un gâteau". Accessoires : **balle, briques, hochet**

## bouger

À présent qu'il peut rouler pour se mettre sur le ventre, essayez les jeux au sol. Ne craignez pas d'avoir l'air idiot – il commence à avoir un **grand sens de l'humour**, et c'est bon pour vous aussi ! À plat ventre, il peut s'appuyer sur une main : donnez-lui des objets à prendre dans cette position, cela le fortifie et améliore son équilibre.

## mental

Son esprit et sa parole fonctionnent à plein, il aime les **jeux de mains** et cherche à **imiter les bruits d'animaux** que vous faites. Montrez-lui toujours en même temps une image ou un vrai animal, afin qu'il sache bien à quoi ressemble cet animal et ce qu'il fait. Il **adore les livres** de toute sorte.

# ⑬ Cacher-retrouver

Ce jeu, suite directe de "Coucou, le voilà", aide votre bébé à comprendre que **les objets continuent d'exister lorsqu'il ne les voit plus**. Il franchit une nouvelle étape sur la Carte des compétences, puisqu'il est encouragé à chercher **OÙ vont les objets qui disparaissent**. Il se sent ainsi en sécurité quand les objets familiers s'en vont, puisqu'ils doivent revenir – y compris ses parents.

**Aptitudes**

développées par "Cacher-retrouver" :
• *curiosité* • *pensée cognitive*
• *concentration* • *sentiment de réussite*
• *compréhension* • *notions de partir et revenir* • *notions de cacher et retrouver* • *rythme* • *langage*
• *équilibre* • *contrôle de la tête*

## *Où est-il passé ?*

Asseyez-vous par terre avec votre bébé. Tenez à portée de sa main un nounours ou un jouet qui couine et faites-le couiner. Puis cachez le jouet derrière vous. Si bébé essaie de chercher, félicitez-le chaudement. S'il hésite, faites couiner à nouveau le jouet pour donner un indice sonore.

## *Deux petits oiseaux*

Chantez cette comptine en mimant :
Deux petits oiseaux assis sur un mur
*(levez vos index)*
L'un s'appelle Pierre, l'autre Paul
*(agitez vos index)*
Pierre s'est envolé
*(cachez une main derrière votre dos)*
Paul s'est envolé
*(cachez l'autre main derrière votre dos)*
Pierre est revenu
*(montrez la main)*
Paul est revenu
*(montrez l'autre main).*

**6 à 12** mois    ✓ mental    ✓ parler    ✓ bouger    ✓ mains    ✓ sociabilité

# ⑭ Encore les livres

Les livres sont parmi les meilleurs jouets qui soient : ils intéressent bébé, et il adore les regarder en toute occasion. Les livres qui racontent des **histoires** l'encouragent à deviner **ce qui va se passer ensuite**, ce qui stimule son **imagination**, sa **mémoire** et son **intelligence**. Simultanément, ils favorisent bien d'autres facultés nouvelles, y compris physiques, comme **pointer du doigt**. Ayez toujours un livre sous la main – au coucher, pour le bain, les voyages, la sieste. Le soir, laissez les livres en tissu dans son berceau.

## Aptitudes

développées par
"Encore les livres" :
- concentration • se rappeler une suite d'événements • tourner les pages
- reconnaître des images et des objets
- connaître le sens des mots
- nommer • dire des mots en comprenant leur sens

## Lire une histoire

Lisez des histoires simples, avec peu de mots et de grandes images simples. L'idéal, ce sont les livres avec des images d'animaux, surtout s'il y a une maman et son petit. Montrez simplement l'image, nommez l'animal (chat) et son bébé (chaton), imitez leurs sons et inventez une histoire pour chacun. Montrez toujours du doigt. Les bébés adorent aussi les images d'autres bébés.

## Tourner la page

Quoi que vous lisiez, expliquez et montrez comment on tourne les pages. Pour tourner une page à la fois, votre bébé aura besoin d'un toucher beaucoup plus fin (vers onze-douze mois), mais, dans son désir d'avancer, il essaiera de tourner les pages bien plus tôt.

## Histoires de familles

Plus tard, votre bébé aimera entendre dans les histoires son prénom et ceux des membres de sa famille. En regardant des livres d'images, inventez des histoires ayant pour personnages bébé, maman, papa, mamie, le chien de la maison… Cela améliore son image de soi et sa conception de la famille.

# 7 à 8 mois

Votre bébé commence à comprendre qu'il est une personne distincte – et que ses proches ont une importance particulière. Ce mois-ci, il va

- peut-être devenir plus timide et paraître effrayé par les inconnus
- montrer qu'il est spécialement attaché à vous.

## "Regarde ce que je fais !"

### sociabilité

Votre bébé semble devenir plus méfiant envers les gens qu'il ne connaît pas bien, mais c'est une façon de montrer sa préférence pour ceux qu'il connaît le mieux et qui s'occupent de lui. Observez comme il

• réagit quand vous dites "bisou" : il **se penche** vers vous et fait des bruits de baisers

• **tapote ou caresse** une peluche ou un animal familier en signe d'affection

• **aime les enfants plus grands** et cherche à les toucher – en sécurité dans vos bras

• **se met à pleurer** quand vous le quittez et cesse quand vous revenez ou le prenez dans vos bras en montrant votre affection.

### PARLER

Il sait très bien vous faire comprendre ses émotions et ses besoins par des expressions du visage et des bruits. Il ne parlera pas réellement avant plusieurs mois, mais il

• commence à **combiner les syllabes** (souvent un peu plus tard pour les garçons) : "**da**" devient "**dada**", "**ma**" devient "**mama**", "**gou**" devient "**gougou**", etc.

• essaie souvent d'**imiter les bruits des animaux** lorsqu'il les voit en image ou dans la rue.

# Votre bébé apprend à exprimer son affection. Il ne vous laisse aucun doute sur son amour, et son plus grand bonheur est que vous montriez le vôtre.

## mental

Votre bébé manifeste de plus en plus qu'il comprend vos paroles, même s'il ne prononce pas encore de vrais mots. C'est l'époque où il

- **mémorise les opposés** par le toucher (chaud/froid, dur/mou)
- **comprend certaines distinctions** (la veste de maman/de bébé)
- commence à **évaluer la taille** des objets jusqu'à 1 m de distance
- **comprend des phrases** associées à une routine, par exemple "C'est l'heure du bain" lorsque vous entrez dans la salle de bains
- comprend que "Non" veut dire "arrête, ne fais pas ça, ne touche pas"
- **montre de la détermination**, tend la main vers un jouet qu'il désire vraiment, persévère et peut pleurer de frustration s'il ne parvient pas à l'atteindre
- **joue** avec ses jouets, les examine et se concentre sur eux durablement
- **commence à affirmer** sérieusement son désir de manger seul.

### Ne fixez pas de calendrier

*Votre bébé est passionnant à regarder pendant cette période où il commence à s'intéresser à ses jouets et à ce qui l'entoure, et semble avoir envie de marcher à quatre pattes. Cependant, n'oubliez pas que vous ne devez lui fixer aucun objectif, mais seulement* **être avec lui pour l'encourager** *– il marchera à quatre pattes quand il sera prêt. Ne le comparez pas aux autres bébés du même âge –* **tous les bébés sont différents***.*

# bouger

Le besoin d'**indépendance** et la **détermination** de votre bébé l'amèneront nécessairement à trouver un moyen de se déplacer, ne serait-ce que pour prendre des objets. Ainsi, il

• cherchera à se pencher vers un jouet hors de sa portée – et s'apercevra probablement qu'en **se balançant** d'avant en arrière,

il prend assez d'élan pour l'attraper

• apprend ainsi une leçon importante : en "**prenant son élan**", il peut atteindre un objet avec tout son corps quand ses mains seules ne le peuvent pas

• aime se tenir debout sur vos genoux – ses genoux et ses cuisses sont maintenant assez forts pour **supporter son poids**.

# mains

Sa dextérité croissante lui permet de s'amuser seul longtemps. Vous constatez qu'il

• **tape avec ses mains** – et ses jouets – sur toutes les surfaces

• a une **préhension fine** suffisante pour déchirer du papier en petits morceaux

• **tend la main** vers un jouet et le prend avec les doigts (et non la paume), mais se sert maintenant de tous les doigts et du pouce

• **pointe** les objets de l'index – signe précurseur de la **préhension en pince** fine.

### Sur les fesses

*Encouragez votre bébé à avancer en glissant sur ses fesses : cela lui donne la sensation nouvelle de la mobilité, et un avant-goût du **plaisir** qu'il aura plus tard à **se déplacer**. Asseyez-vous par terre juste hors de sa portée et **tendez les bras** en l'appelant. Rattrapez-le s'il bascule, **félicitez-le** s'il réussit.*

"Des mains pour…
# agripper, montrer, frapper"

# L'Heure Magique

La personnalité de votre bébé devient manifeste – il sait qui il aime. Il supporte mal votre absence et se montre inquiet et angoissé quand vous le quittez. Il se méfie des inconnus : présentez-les-lui en douceur, progressivement.

## "des comptines encore et toujours"

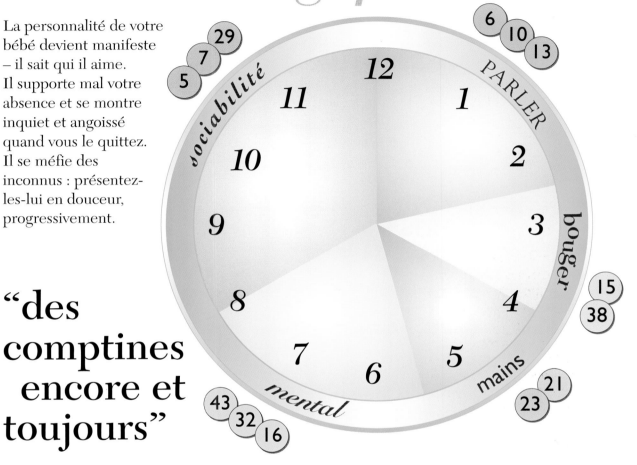

### *sociabilité*

Il est **très affectueux** envers vous et ceux qu'il connaît. Il aime vous **embrasser**, vous **tapoter**. Donnez beaucoup de câlins et de baisers en retour, continuez les massages. Il s'intéresse aussi aux autres enfants et tend la main vers eux. Il est temps de lui présenter des **camarades de jeu**.

### *mental*

Puisqu'il **comprend le "oui"** et le **"non"**, faites-en un large usage. Dites "oui" avec beaucoup d'emphase positive, "non" avec prudence. "Non" ne doit pas devenir une réponse automatique, sans quoi bébé comprendra vite que vous abusez de votre pouvoir. **Le "oui" est une fête !**

### PARLER

À présent qu'il peut prononcer des sons jusqu'à deux syllabes, dites-lui des **comptines** très **répétitives**. N'oubliez pas de **répéter après lui** tous les "mots" qu'il prononce. Continuez à lire des livres en **pointant** du doigt et en nommant.
Accessoires : **livres**

# ⑮ Roulé-boulé

Pendant les premiers mois, chaque mouvement prépare votre bébé à l'apprentissage de la marche. Le **contrôle de la tête** est l'une des premières étapes, absolument essentielle. Mais votre bébé doit aussi **muscler son tronc** afin de pouvoir **se retourner**, ce qui **le prépare à ramper**. Il roulera d'abord du dos sur le ventre, puis, quelques semaines plus tard, du ventre sur le dos, chose plus difficile.

## Aptitudes

développées par le "Roulé-boulé" :
• *souplesse* • *mobilité* • *force*
• *coordination* • *audace*
• *curiosité*

## Rouler vers papa

Allongez-vous sur le sol à côté de votre bébé. Appelez-le jusqu'à ce qu'il roule vers vous. Donnez-lui un gros baiser. Et maintenant, de l'autre côté ! C'est bien !

## Le retournement

Couchez-le sur le sol de façon qu'il vous tourne le dos. Appelez-le et encouragez-le à se retourner vers vous. Recommencez de l'autre côté. Félicitez-le lorsqu'il réussit.

## Trouver le jouet

Couchez-le, le dos tourné à son jouet préféré. Appelez-le et encouragez-le à se rouler pour prendre le jouet. Lorsqu'il réussit, donnez-lui le jouet.

## En famille

Lorsqu'il roulera facilement, montrez-lui que vous pouvez le faire aussi. Faites le tour de la pièce en roulant – il trouvera cela bien plus amusant avec papa et maman… et vous aussi !

---

**7** à **10** mois  ✓mental  ●parler  ✓bouger  ●mains  ●sociabilité

# ⑯ La pêche au trésor

À partir de huit mois environ, la **dextérité manuelle** de votre bébé s'améliore vraiment. Il aime **regarder dans** des boîtes pour découvrir leur contenu. Préparez-lui une pêche au trésor en plaçant des objets dans un panier ou un sac en tissu où il pourra **plonger** la main et **fouiller**.

## Le sac à trésors

Récupérez toutes sortes de petits objets intéressants, bobines vides, coquillages (évitez les bords coupants), pommes de pin, cubes et éléments de jeux de construction de formes diverses, balles, jouets qui couinent, hochets, peluches, ou encore des vêtements comme des chaussettes ou des gants. Mettez tout cela dans un sac doux et facile à ouvrir – trousse de toilette, taie d'oreiller. Secouez le sac pour qu'il entende les objets bouger. Encouragez-le à toucher l'extérieur du sac, puis aidez-le à l'ouvrir et encouragez-le à déballer seul le contenu.

## Sortir et remettre

Mettez un certain nombre d'objets dans un grand panier. Asseyez votre bébé par terre, le panier près de lui, et laissez-le sortir les objets. Lorsque tout est sorti, aidez-le à les remettre dans le panier. Ce jeu développe la préhension, mais aussi le lâcher-prise.

## Bonne pêche

Cette fois, laissez-le ouvrir le sac lui-même et découvrir son contenu. Il adorera trouver les objets l'un après l'autre.

**Aptitudes**
développées par
"La pêche au trésor" :
• *observation de près* • *curiosité*
• *logique* • *concentration*
• *coordination œil-main*
• *manipuler* • *trier*

# 8 à 9 mois

Le neuvième mois est très gratifiant, car la personnalité de votre bébé s'affirme vraiment. Regardez, il

- prend l'initiative de jeux et de blagues – signe sûr que son sens de l'humour se développe
- affirme sa volonté, car il a ses idées bien à lui.

Votre bébé a hâte d'acquérir la mobilité : il y a tant à voir et à découvrir ! C'est le moment d'aménager votre maison pour garantir sa sécurité.

## bouger

Votre bébé commence à découvrir qu'être assis ne lui suffit pas – il éprouve un grand désir de se déplacer et d'essayer de se lever. Ses muscles se sont développés, et il

• **tient assis** longtemps – jusqu'à 10 minutes – avant de se fatiguer

• peut **se pencher en avant** sans tomber, mais non se pencher sur les côtés ni faire pivoter son torse

• **ne renonce pas** lorsqu'il veut atteindre un objet – il essaie plusieurs façons de se déplacer pour l'atteindre, mais vise encore mal

• pourra peut-être s'asseoir seul en **roulant** sur lui-même, et se déplacer de la même façon

• pourra tenter des **mouvements de reptation** si vous le mettez à plat ventre et l'appelez ; mais ne vous étonnez pas s'il part à reculons – son cerveau ne sait pas encore sélectionner les bons muscles pour avancer et reculer

• **se met debout** dans son lit ou en s'accrochant aux meubles, mais tombe ensuite, parce qu'il manque encore d'équilibre ou de coordination pour s'asseoir de façon contrôlée.

### Pointer

*Pointer du doigt est une **étape importante du développement**. Le contrôle de l'index est le premier pas vers la maîtrise de la préhension en pince fine, faculté très subtile qui permet, vers 10 à 12 mois, de saisir de petits objets entre le pouce et l'index. **Donnez-lui de petits objets**, des raisins secs, des petits pois cuits, pour exercer sa préhension fine et sa coordination œil-main.*

## PARLER

Les vocalisations de votre bébé ressemblent de plus en plus à des mots. Ce mois-ci, il

• commence à **introduire de nouveaux sons** et des consonnes ou semi-consonnes ("t", "w")

• **se sert des sons** pour tenter d'imiter vos paroles

• **babille avec "intention"** – son ton de voix s'élève et s'abaisse selon le rythme et les intonations du vrai langage

• dit peut-être plus souvent "papa" quand son père est présent – signe qu'il apprend à **donner une signification aux mots**

• **crie** pour attirer votre attention

• comprend le sens des mots "au revoir".

63

## mental

Il a maintenant une bonne idée de ce qu'il est et de la place qu'il occupe. Ainsi, il
• sait très bien **montrer** ce qu'il n'aime pas – il met ses mains sur son visage pour vous empêcher de le laver, sur sa tête pour qu'on ne lui brosse pas les cheveux
• **regarde sous** une serviette pour trouver un jouet caché
• **se concentre plus longtemps** avec ses jouets préférés
• **comprend** quand vous lui demandez de faire quelque chose, comme tendre les mains pour qu'on les lui lave.

## mains

Sa préhension s'affine. Votre bébé manipule de mieux en mieux les petits objets ; on le voit très bien lorsqu'il
• cherche à **tourner les pages d'un livre**, bien qu'il en tourne généralement plusieurs à la fois
• **pointe** son doigt théâtralement vers les objets qu'il désire et **manifeste** sa demande par des sons impérieux
• **tient** un cube dans chaque main et peut les frapper l'un contre l'autre
• **étudie les jouets** davantage avec ses doigts qu'avec sa bouche
• tient un objet entre le pouce et les autres doigts
• "**ratisse**" avec ses cinq doigts de petits aliments tels que raisins secs ou petits pois.

## "fais un gâteau, fais un gâteau"

## sociabilité

Votre bébé commence à montrer sa **personnalité**. Mais, qu'il soit placide, tatillon, bruyant, déterminé, irritable ou sensible, il
• **adore être associé** à tout ce que vous faites, même s'il sait très bien jouer seul
• **aime jouer** avec vous – faire rouler ou taper dans des ballons, jouer à "Fais un gâteau" – et **anticipe** les actions
• comprend lorsque quelqu'un part et commencera peut-être à **faire "au revoir"** de la main
• aime les **blagues** et les **taquineries**.

# L'Heure Magique

Vers la fin de ce mois, il saura peut-être ramper – aidez-le à **accomplir cet exploit** par des jeux physiques et des encouragements enthousiastes.

## "rions encore !"

*(cadran/horloge : chiffres 1 à 12 ; mentions autour : sociabilité, PARLER, bouger, mains, mental ; pastilles : 5, 45, 16, 3, 4, 26, 29, 43, 18, 12, 17, 22, 30)*

## PARLER

Continuez à dire "au revoir" en agitant la main lorsque quelqu'un s'en va. **Décrivez et expliquez tout ce que vous faites.**

### sociabilité

Essayez certains **jeux coopératifs**, comme faire rouler une balle de l'un à l'autre, "Fais un gâteau", "la petite bête qui monte", "Coucou le voilà".

## mains

**Encouragez-le à pointer** du doigt en demandant : "Qu'est-ce que tu veux ?" et "Montre à papa". Quand vous regardez des livres, pointez du doigt les images pour l'**encourager à vous imiter**. À présent qu'il sait **lâcher** prise, montrez-lui comment empiler des cubes.
Accessoires : **livres, briques**

## bouger

Il a très envie de se déplacer – éloignez les jouets de lui pour qu'il aille les chercher, ou asseyez-vous à quelque distance de lui et tendez-lui les bras. À présent qu'il **tient très bien assis**, jouez avec lui assis par terre. Encouragez-le à se lever en installant des meubles où il pourra se tenir, et **tenez-le debout** vous-même.

# ⑰ Le jeu du tunnel

Ce jeu encourage votre bébé à **ramper** et à **être entreprenant**. Il sera peut-être un peu inquiet au début, mais prendra bien vite plaisir à suivre les tunnels faits maison, surtout si vous l'attendez à la sortie pour le serrer dans vos bras !

### Aptitudes

développées par
"Le jeu du tunnel" :
• *ramper* • *mobilité* • *curiosité*
• *audace* • *détermination* • *sens
de la réussite* • *idées de
passer "dessous" et
"à travers"*

## Comment fabriquer un tunnel

Le tunnel n'a pas besoin d'être très élaboré. Ceux que l'on trouve dans les magasins de jouets vous paraîtront peut-être un peu longs pour un bébé de moins d'un an. Placez deux chaises dos à dos, un peu écartées, et recouvrez-les d'un drap ou de grands cartons. Ou bien posez sur le côté un grand carton ouvert aux deux extrémités. Votre bébé doit pouvoir sortir en reculant.

### À deux dans le tunnel

Mettez-vous à plat ventre près de votre bébé. Rampez jusqu'au milieu du tunnel, puis tournez-vous et invitez bébé à vous rejoindre. S'il ne veut pas, ne le forcez pas. S'il le fait, serrez-le dans vos bras et parlez-lui, dites que c'est votre cachette secrète à tous les deux.

### Le trésor caché

Posez au milieu du tunnel quelques jouets attrayants et laissez bébé ramper vers eux. Placez-vous à la sortie et appelez-le.

### Traverser le tunnel

Votre bébé assis à un bout du tunnel et vous à l'autre bout, encouragez-le à traverser tout le tunnel en rampant et dites : "C'est bien !"

### Maman fait le tunnel

Vous n'êtes pas du tout obligée de fabriquer un tunnel. Mettez-vous à quatre pattes et encouragez bébé à ramper pour passer sous le tunnel formé par votre corps – ou à passer entre vos bras et vos jambes. Il va adorer !

---

*8* à *12* mois  ✓ mental  ● parler  ✓ bouger  ✓ mains  ✓ sociabilité

# ⑱ La piste aux raisins

Ce jeu, qui encourage bébé à **ramper**, est très gratifiant pour lui, parce qu'il découvre à chaque étape quelque chose d'agréable à manger (pas de bonbons !). Cela l'incite à **pointer son index**, puis à **utiliser la pince fine** (pouce-index) pour saisir un petit objet comme un raisin sec.

**Aptitudes**

développées par
"La piste aux raisins" :
• pointer du doigt • préhension en pince • coordination œil-main • contrôle de la main • observer de près • identification • concentration • chercher des yeux

### 8-9 mois

## *Manger avec ses petits doigts*

Posez devant votre bébé, sur le plateau de sa chaise haute, toutes sortes de petites choses à manger : raisins secs, petits pois, grains de maïs doux... Placez-les tous les 2 cm environ, de façon qu'il les voie bien séparément. Pointez du doigt et nommez chaque objet. Il ne pourra probablement pas encore les ramasser un par un, mais il essaiera de les réunir dans sa main pour les manger. C'est déjà très bien !

## *Attraper les raisins*

Dès qu'il sait bien se tenir assis par terre sans basculer, asseyez-le sur une serviette ou une couverture propre. Posez des raisins secs tout autour de lui – même derrière – de façon qu'il doive se tourner pour les atteindre. Puis placez-en quelques-uns devant lui pour qu'il les attrape en se balançant.

### 9-12 mois

## *Suivre la piste*

L'étape suivante consiste à aligner sur le sol des raisins secs espacés de 40 cm environ. Encouragez votre bébé à ramper pour les ramasser tous.

## *Course aux raisins*

Dès qu'il rampe avec assez d'assurance, faites-lui une piste de raisins avec des virages. Suivez-la avec lui à quatre pattes. Faites la course, il va adorer ça, surtout si vous le laissez arriver avant vous à chaque raisin !

**8** à **12** mois  mental ● parler ✔ bouger ✔ mains ● sociabilité

# 9 à 10 mois

Vous aurez plaisir à voir votre bébé de 10 mois s'amuser énormément dans toutes ses activités. De plus, il

- dort peut-être déjà toute la nuit
- aime manger seul
- est un compagnon agréable.

## "Mama, Papa"

### sociabilité

Votre bébé veut désormais être de toutes les activités de la famille, car il

- aime participer à tous les **rituels sociaux** – arrivées et départs, repas en famille
- **aime être avec vous** à table et cherche à s'immiscer dans la conversation pour faire partie de l'**assemblée**
- tape souvent avec sa cuillère pour **attirer votre attention**, ou se fait remarquer en mettant son assiette sur sa tête, mais, en suivant votre exemple, il apprendra peu à peu les comportements admissibles à table
- est fier d'être capable de **manger seul** en même temps que vous.

# C'est parti ! Quel que soit le moyen de locomotion choisi, rien ne peut plus l'arrêter. La curiosité le pousse à avancer et à se lever…

## bouger

Votre bébé bouge vraiment maintenant, il
• est capable de **se lever** en se hissant avec ses bras et de tenir debout avec assurance et un bon équilibre
• **rampe ou glisse** sur les fesses en poussant sur ses mains mais, s'il rampe, son ventre peut encore toucher un peu le sol
• peut avoir complètement sauté l'étape ramper ou glisser sur les fesses mais, dans tous les cas, **se déplace avec assurance** et, lorsqu'il est assis, se met à quatre pattes pour avancer

• apprécie beaucoup ses **facultés motrices** – s'amuse à rouler sur lui-même, à se mettre assis, puis debout, puis à se rasseoir
• contrôle presque le mouvement debout-assis sans basculer.
Il **apprend à équilibrer** son corps. Pour cela, il
• commence à faire des rotations du tronc pour **essayer de se retourner** en arrière, mais est encore mal assuré
• sait s'asseoir en partant de la position à plat ventre, et inversement
• tient assis en parfait équilibre.

## PARLER

Il comprend que le langage n'est pas un simple enchaînement de sons. La preuve, il
• **comprend** la signification précise d'un certain nombre de mots, même s'il ne peut pas encore les prononcer
• apprend à dire "mama" peu de temps après "papa", et **le dit plus souvent** quand maman est là que si elle est absente
• commence peut-être à prononcer des **débuts de mots**, comme "ba" pour "balle" – aidez-le à entendre la consonne finale en accentuant des mots de deux syllabes, comme "ballon", "tissu", "maman", "papa"…
• dira peut-être, vers la fin de ce mois, **un mot "avec son sens"**, mais sinon, ne vous inquiétez pas : il est bien plus important à ce stade de comprendre le sens.

69

## *mental*

Votre bébé aime montrer qu'il comprend des choses. Il
- **s'habitue aux routines** et les apprécie
- lève le pied quand vous voulez lui mettre sa chaussette et tend le bras pour enfiler la manche de sa veste
- **fait "au revoir"** avec la main quand vous dites ces mots
- connaît bien ses peluches préférées, les **tapote** et les **caresse** quand vous dites "gentil nounours"
- **se souvient** entièrement des gestes et des rythmes des comptines et des jeux familiers
- **aime les jouets bruyants** – les **examine** de près et cherche d'où vient le bruit
- tire sur vos vêtements pour **attirer votre attention**.

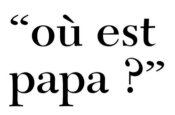

# "où est papa ?"

### En voiture

*À partir de cet âge, vous devrez peut-être **l'occuper** pendant les longs trajets. Fixez une tablette devant son siège et donnez-lui une boîte ou un sac à trésors rempli d'objets intéressants et sans danger : bobines, jouets qui couinent, briques de jeu, livres en carton. Mettez de la musique, montrez-lui des choses intéressantes à l'extérieur.*

## mains

Votre bébé sait faire beaucoup plus de choses avec ses jouets à présent qu'il
- peut saisir tous les petits objets, son index **guidant sa main** avec précision
- maîtrise complètement et avec une grande **précision** la préhension en pince fine (pouce-index)
- a une excellente **coordination œil-main** qui lui permet de ramasser facilement de petits objets (attention à ce que vous laissez traîner !)
- aime **laisser tomber et ramasser** ses jouets, à présent qu'il sait lâcher prise – assis dans sa chaise haute, il ne se lasse pas de faire tomber des jouets en les suivant des yeux ; même s'ils roulent hors de sa vue, il vous appelle et vous montre où ils sont pour que vous les ramassiez
- aime **farfouiller** dans des sacs et des boîtes, sortir et replacer sans cesse les objets.

# L'Heure Magique

Tout sera bientôt parfaitement en place – ses **facultés intellectuelles** l'aident à comprendre le langage et à sympathiser. Il bouge avec une grande liberté, et sa coordination œil-main est très bonne : il se penche pour **ramasser de petits objets**.

"**poser des questions simples**"

## mains

Il perfectionne le geste le plus fin qu'il aura à faire : la **pince** pouce-index. Posez de petits objets sans danger sur la tablette de sa chaise haute, ou faites une **piste de raisins**. Son **contrôle de la main** étant désormais assez bon pour qu'il puisse lâcher et reposer les objets délicatement, donnez-lui un panier de trésors à trier.
Accessoires : **panier, briques de jeu**

## PARLER

Comme il **babille beaucoup**, babillez avec lui. Posez beaucoup de questions simples, récitez des comptines, cela l'aide à **comprendre des mots**.
Répétez les mots qu'il prononce, comme "mama" ou "gaga", mais en leur donnant un sens – dites par exemple : "Oui, c'est maman" ou "Regarde le chien dans le livre".
Accessoires : **livres**

## bouger

Il sait si bien **ramper** que vous serez épuisé si vous essayez de le suivre ! Construisez des tunnels et jouez à vous poursuivre sur le plancher du salon ou dans l'herbe du jardin.

# ⑲ La course d'obstacles

Ce jeu **donne de l'assurance** à votre bébé et l'encourage à **équilibrer** et à **assouplir** tout son corps en vue de la **position debout** et de la **marche**. Pour pouvoir marcher à quatre pattes et se mettre "en crabe" afin de se lever sans se tenir, il doit **se servir de ses bras et de ses jambes** pour manœuvrer son corps. Votre bébé découvre avec ingéniosité des façons de franchir ou de contourner les obstacles, et il est fier de vous montrer comment il tourne autour d'un meuble.

**LA SÉCURITÉ D'ABORD**
Choisissez des obstacles mous, bien stables et pas trop hauts. Restez avec votre bébé pendant cette "course".

**Aptitudes**
développées par
"La course d'obstacles" :
• mobilité • assurance • coordination • équilibre • force • marche à quatre pattes • position debout • marcher • découvrir

## Les coussins

Alignez sur le sol une rangée de coussins avec une "barrière" à chaque bout (canapé, chaises...). Asseyez votre bébé à un bout de la rangée, asseyez-vous à l'autre bout, et appelez-le en tendant les bras. Il viendra peut-être vers vous en zigzaguant autour des coussins. Montrez-lui comment grimper dessus et recommencez.

## Monter et descendre

Préparez une course d'obstacles avec des coussins et quelques meubles. Faites un cercle avec les coussins, certains posés à terre, d'autres sur le canapé, afin d'encourager bébé à monter et à descendre.

## Se tenir debout

Asseyez-vous sur le canapé et encouragez votre bébé à se lever en s'agrippant au siège. Dites-lui : "Max se met debout ! Tu peux monter jusqu'à papa, Max ? Oui, tu sais faire ça !" S'il a assez d'assurance pour se tenir debout accroché aux meubles, changez de place et tendez-lui les bras en l'encourageant à venir vers vous.

**9** à **12** mois    ✓ mental    ● parler    ✓ bouger    ✓ mains    ● sociabilité

## ⃝20 Le bac à sable

Toucher le sable est un émerveillement pour votre bébé. Le sable lui apprend beaucoup de choses : il **coule**, il **remplit**, on peut le **vider**. Avec le sable humide, on peut **faire des pâtés et des châteaux**, les démolir et recommencer. Et puis, le sable ne mouille pas, et il se balaie facilement ! En présentant le sable à votre bébé, **décrivez et expliquez ses caractéristiques** – les petits grains, comment il coule et reste en tas, ce qu'on peut en faire lorsqu'il est sec et lorsqu'il est mouillé.

**Aptitudes**

développées par
"Le bac à sable" :
• *sens du toucher* • *coordination*
*œil-main* • *manipulation* • *curiosité*
• *expérimentation* • *notions de*
*plein et de vide* • *construction*
• *créativité* • *imagination*

### Pâtés à la chaîne

Humidifiez le sable et faites une série de pâtés avec des moules ou avec un seau de plage – selon la taille de votre bac. Comptez les pâtés. Si vous utilisez des moules gigognes, décrivez les différences de taille. Laissez votre bébé les démolir : il adore les aplatir avec les poings et les paumes. Refaites-en d'autres en lui demandant de vous aider à remplir les moules et à tasser le sable.

### Paysage de sable

Comme la terre, le sable permet d'imaginer des quantités de choses. Créez un paysage, par exemple un jardin, avec du sable et des jouets. Vous pouvez mettre des petits personnages et des animaux, une maison en briques de jeu, des petits cailloux, brindilles, feuilles, fleurs…

### LA SÉCURITÉ D'ABORD

Utilisez un sable spécial (disponible en magasins de jouets et jardineries). Assurez-vous que votre bébé ne le met pas dans sa bouche. Si le bac à sable est dehors, couvrez-le bien pour empêcher les chats d'y entrer. Si votre bébé a du sable dans les yeux, ne le laissez pas les frotter. Penchez-lui légèrement la tête en arrière et rincez ses yeux à l'eau froide.

✓ mental   ✓ parler   ○ bouger   ✓ mains   ○ sociabilité

# 10 à 11 mois

À cet âge, le développement physique et intellectuel peut varier énormément d'un bébé à l'autre sans qu'il y ait rien d'anormal. Cette période est l'une de celles où vous remarquerez les plus grandes différences entre votre bébé et d'autres du même âge. Cependant, votre bébé

- ne marche probablement pas encore, mais s'entraîne à ébaucher des pas, soutenu par vous ou en se tenant aux meubles – c'est le "cabotage"
- commence à ressembler davantage à un enfant qu'à un bébé
- grandit très vite.

## PARLER

Il ne prononce peut-être pas encore de mots, mais vous constatez une véritable explosion de sa compréhension. En effet, il

- essaie de dire un ou deux **mots avec leur sens**, comme lô (l'eau), bébé, quin (chien)
- **pointe** le canard sur une image lorsque vous demandez où il est.
- tente d'**imiter le bruit** lorsque vous demandez : "Que dit le canard ?"
- **hoche ou secoue la tête** pour répondre à des questions simples comme "Veux-tu à boire ?" ou "Veux-tu encore à manger ?"

## mental

Sa compréhension des concepts et sa capacité à identifier les objets s'aiguisent, et il

- **pointe** du doigt les objets familiers dans son livre favori
- **comprend** que la chatte avec son chaton dans un livre, son chat en peluche et le chat de sa grand-mère sont tous des chats, malgré leurs grandes différences
- **aime les jeux** basés sur les opposés – chaud/froid, râpeux/doux, rond/carré, grand/petit – surtout lorsque vous les mettez en scène
- a encore une **courte durée d'attention** aux livres, et veut tourner les pages rapidement
- **apprend les relations de cause à effet** – il fait tomber un cube, vous le ramassez ; tape sur un tambour, ça fait du bruit ; secoue son hochet, le grelot sonne
- **s'amuse** à mettre des objets dans une boîte et à les sortir, à remplir et à vider des récipients dans son bain.

# Il se déplace probablement debout à présent. L'étape capitale n'est pas encore franchie, mais il s'y prépare en perfectionnant son équilibre et sa coordination.

## Sécurité d'abord

*Votre bébé est debout, attendez-vous aux bosses et aux égratignures. Réconfortez-le et rassurez-le lorsqu'il **tombe**. Couvrez les arêtes vives, vérifiez la stabilité des meubles. Enlevez-en certains si possible, afin que bébé **évolue librement**.*

## bouger

Votre bébé s'efforce maintenant de rester debout la plupart du temps, et il

• pratique beaucoup de **mouvements précurseurs** de la marche – par exemple, lorsqu'il est debout, se tenant aux meubles ou à vos mains, il lève le pied comme pour monter une marche et peut piétiner plusieurs fois

• **se déplace très vite** s'il marche à quatre pattes, le ventre bien au-dessus du sol

• peut **se pencher** sur les côtés sans basculer lorsqu'il est assis

• peut **se retourner** en faisant pivoter son torse pour prendre quelque chose derrière lui, sans perdre l'équilibre

• **longe** les meubles, vers la fin de ce mois, lorsqu'il désire spécialement atteindre un objet ou une personne.

75

## Nager
## avec votre bébé

*Votre bébé de dix mois est très actif
et a besoin de dépenser son énergie, chose
difficile si votre espace est limité ou si le
temps vous empêche de sortir. Nager est une
**activité excellente** – et la plupart des bébés
aiment la piscine si vous commencez
progressivement. Il existe souvent des
horaires réservés aux parents avec des
bébés et de jeunes enfants, et vous
prendrez tous deux **plaisir
à barboter**.*

# mains

Les mouvements de ses mains et de ses
doigts sont devenus très habiles. Il
• sait **tourner les pages** d'un livre en carton
une à une
• posera un cube dans votre main si vous le
demandez et, vers la fin du mois, le **lâchera**
dans votre main – encouragez-le à **donner
et prendre** par des jeux et des rituels
communs : "Donne un petit biscuit à
maman. Merci ! Tiens, prends un morceau
de la biscotte de maman !"
• fera **rouler un ballon** vers vous à votre
demande, et se servira habilement de ses
mains pour viser
• commence à jouer aux aux encastrements.

# *sociabilité*

• vous **imite** en "faisant le ménage" – donnez-
lui un chiffon, il essaiera d'essuyer le plateau
de sa chaise haute
• essaie de vous **aider à l'habiller** ou
vous tend sa couche quand vous le changez
• vous imite buvant du thé, vous brossant
les cheveux ou les dents
• **aime qu'on fasse tout ensemble**
– que ce soit regarder des livres, faire
les courses, rester couché dans le lit
ou jouer dehors
• est très heureux de **jouer** par
terre avec un autre bébé.

# L'Heure Magique

Votre bébé comprend de mieux en mieux ce que vous dites et ce que dit son entourage, même s'il n'a que peu de mots à sa disposition. Il essaie de **vous imiter** pour montrer qu'il **veut participer** à tout ce que vous faites : certains jeux de l'Heure Magique seront donc fondés sur son désir d'être impliqué.

*sociabilité*

PARLER

*mental*

mains

*bouger*

5  43
6  14  47
35  21  10
13  29  30
22  20

12 11 1 2 10 3 9 4 8 5 7 6

## "lisez toujours des histoires"

## PARLER

Il sait **hocher et secouer la tête** : posez-lui des questions pendant vos tâches quotidiennes et encouragez-le à vous répondre par gestes. Faites des mouvements de la tête afin qu'il vous imite – il le fait très bien à présent. Il comprend le fil d'une histoire simple : racontez-en en faisant des gestes pour l'aider.

## *mental*

Il est à l'aise avec des notions abstraites comme les **opposés** ou la **relation de cause à effet**. Les jeux avec l'eau et le sable lui enseignent la notion de volume et la nature des liquides et des solides. Il sait tourner les pages : passez les moments de calme à regarder des **livres**.

## bouger

Il va commencer à se mettre debout et à **caboter** autour des meubles : pour l'**encourager à marcher**, faites une chasse au trésor ou une course d'obstacles, ou tenez-le par les mains. De l'audace !

# ㉑ Comparer et trier

**Distinguer** le semblable du différent est difficile, même pour un adulte. **Assembler** des paires ou des séries n'est pas toujours évident. Mais les bébés sont capables d'acquérir dès la première année cette capacité fondamentale, qui est à la **base du raisonnement et de la prise de décision**, et une étape essentielle pour apprendre à **lire** plus tard.

## Aptitudes

développées par "Comparer et trier" :
• *apparier* • *identifier les différences* • *observation* • *reconnaissance d'un modèle* • *concentration* • *logique*

### Groupes d'animaux

Trouvez un livre avec de grandes photos très nettes d'animaux, surtout des adultes avec leurs petits. Montrez qu'ils ont quatre pattes, tandis que les oiseaux en ont deux, un pelage alors que les oiseaux ont des plumes.

### Les deux pareils

Faites remarquer les ressemblances entre des objets familiers : "Ta tasse et ta cuillère sont rouges toutes les deux." "Cette pomme et cette orange sont rondes."

### Formes

Les bébés reconnaissent les différences de formes si elles sont assez nettes. Découpez-en une grande quantité – triangles, carrés, cercles, etc. – et proposez à votre bébé de les apparier.

### La boîte à formes

Avec ses trous aux formes variées, la boîte à formes est un bon jouet, qui apprend à votre bébé à reconnaître les formes et à manipuler les pièces pour les positionner.

# ㉒ Marteler

Savoir planter des clous nécessite des compétences que votre bébé acquiert dès l'âge de huit mois. Pour frapper, bébé doit mobiliser tout son corps, tandis qu'un adulte peut avoir des gestes plus subtils – comme tambouriner avec ses doigts. Pour atteindre ce degré de **finesse du mouvement**, bébé doit d'abord apprendre à utiliser son épaule, son bras, son poignet et sa main. Le martèlement est donc une **première étape** vers tous les **mouvements fins de la main**.

**Aptitudes**
développées par "Marteler" :
• *préhension* • *coordination œil-main* • *précision* • *force* • *coordination épaule-bras-main* • *conscience spatiale* • *créativité*

## Main sur main

Posez votre main à plat sur une surface plane, puis la main de votre bébé sur la vôtre, puis votre autre main par-dessus. Il la tapotera avec sa main libre : sortez alors votre main de dessous pour couvrir la sienne. Il lui faudra un peu de temps pour comprendre ce jeu, mais c'est un grand classique.

## Formes à marteler

Dès qu'il a une bonne préhension, procurez-vous un établi jouet avec un marteau en bois et des formes à enfoncer dans des trous. Montrez à votre bébé comment faire, puis dites-lui que c'est son tour. Il y parviendra rapidement seul, car il adore vous imiter.

## Prendre le rythme

Encouragez votre bébé à taper en rythme en tapotant sur le plateau de sa chaise ou sur le sol et en l'incitant à vous imiter.

## Jouer de la musique

Donnez à votre bébé un tambour ou un tambourin jouet, ou un simple xylophone. Tout instrument de percussion lui procurera des heures d'amusement.

*8* à *12* mois  ✓ mental  ● parler  ✓ bouger  ✓ mains  ● sociabilité

# 11 à 12 mois

À l'approche de son premier anniversaire, vous mesurez les extraordinaires progrès de votre bébé sur tous les fronts. À sa naissance, il était tout petit, faible et sans défense. À présent, il

- est assez fort pour se tenir debout et peut-être même faire quelques pas

- sait manger seul

- comprend ce que vous dites et essaie de parler

- aime faire des blagues et jouer avec vous.

# Vous avez vu votre adorable nouveau-né devenir un grand bébé vif et sociable. Et vous avez passé une année magique à devenir sa famille. Bravo !

## Une chose à la fois

*À ce stade, tant de compétences évoluent simultanément qu'il ne faut pas vous étonner si votre bébé se met tout à coup à foncer dans un domaine et semble en panne dans un autre. S'il met toute son énergie à apprendre à marcher, il ne lui reste pas beaucoup de temps pour la parole. Inversement, s'il commence à bavarder et à apprendre les noms des choses, il attendra un peu pour marcher.*

## *mental*

La différence ne vous semblera peut-être pas énorme, mais il évolue beaucoup entre onze et douze mois. À présent, il

• peut **suivre** des yeux des objets qui bougent rapidement

• sait **évaluer** les différences de taille des objets à deux ou trois mètres

• fait appel à sa **mémoire** et à son expérience dans ses réactions

• commence peut-être les **jeux d'imagination** simples, comme faire semblant de boire

• **écoute** en entier des histoires brèves

• est tout à fait **fasciné** par les livres

• **expérimente** la relation de cause à effet – un jouet plongé dans l'eau remonte.

## *sociabilité*

À présent qu'il connaît le pouvoir de son affection, il la donne ou la réserve délibérément. Par exemple, il

• **embrasse** à la demande, mais ne le fait pas s'il n'en a pas envie

• **manifeste beaucoup d'émotions** et surtout d'**affection** : caresse le chien, embrasse maman, s'accroche au cou de papa

• peut être timide avec les étrangers, mais **aime les réunions de famille** et les sorties en voiture ou en poussette

• **aime la foule**, surtout avec des enfants, mais reste près de vous tant qu'il n'a pas assez confiance pour rejoindre les autres – ensuite, il vérifiera fréquemment si vous êtes toujours là et pleurera peut-être si vous quittez la pièce inopinément.

## mains

Les os de ses poignets ont grandi, ses mains sont plus habiles, et il
• vise mieux lorsqu'il porte la nourriture à sa bouche avec une cuillère, parce qu'il a appris à faire **pivoter sa main** pour passer la cuillère entre ses lèvres
• ne porte plus à la bouche tout ce qu'il trouve – il est maintenant plus important pour lui de **toucher** les objets
• sait très bien **lancer**
• peut tenir deux cubes dans une seule main
• sait **construire** une tour de deux cubes en posant le second sur le premier, grâce aux progrès de sa coordination œil-main et de sa stabilité
• peut tenir un crayon et essaiera peut-être de **gribouiller** si vous lui donnez l'exemple.

## bouger

Votre bébé marchera peut-être à la fin de sa première année, mais ne soyez pas surpris s'il attend dix-huit mois, surtout s'il marche très bien à quatre pattes. En attendant, il
• va peut-être à marcher à quatre pattes avec les jambes tendues – c'est la "marche de l'ours", **à mi-chemin de la marche**
• tient peut-être **debout sans aide** une minute quand vous lui lâchez les mains
• pourra faire un **pas hésitant** vers vous si vous l'appelez en l'encourageant à lâcher les meubles – et peut-être **se lancer** pour aller d'un meuble à l'autre si vous les écartez un peu ; cela lui donnera confiance pour marcher
• peut marcher tenu par une seule main
• peut faire quelques pas en **poussant** un chariot bien stable.

## PARLER

C'est vraiment le début du langage, et il
• peut **dire deux ou trois mots** "avec leur sens" et faire des **bruits d'animaux**
• commence à "**jargonner**", en imitant ce qu'il vous entend dire aux autres, ou en essayant de copier les commentaires que vous faites quand vous êtes avec lui – au milieu de longs enchaînements de sons, vous repérez de temps à autre un mot identifiable
• maîtrise tout à fait le "oui" et le "non" : hoche et secoue la tête pour les signifier
• **comprend** des questions simples comme : "Où est ta chaussure ?", "Où est le livre ?", et cherche les objets demandés
• ne bave presque plus, signe qu'il **contrôle** de mieux en mieux sa langue, sa bouche et ses lèvres ; il est **prêt pour la parole**.

# L'Heure Magique

C'est maintenant un grand bébé qui abordera bientôt, s'il ne l'a déjà fait, le stade de la **marche** et du **langage**. Des étapes si essentielles que les autres évolutions se feront peut-être au ralenti pendant quelque temps.

**45**
**33**
**20**
**13**

## "aidez-le à se faire des amis"

**24**
**23**
**22**

**10**
**14**
**27**

**30**
**19**
**17**

*sociabilité* *mental*

PARLER

*mains*

*bouger*

12 · 1 · 2 · 3 · 4 · 5 · 6 · 7 · 8 · 9 · 10 · 11

## bouger

Aidez-le à **se tenir debout seul**, en le tenant d'abord par les mains avant de le lâcher – mais restez prêt à le rattraper ! Proposez-lui de pousser un chariot en vous tenant de l'autre main. Écartez encore un peu les meubles auxquels il se cramponne. Il va bientôt **se lancer** !

## PARLER

Encouragez les **premiers mots** qu'il utilise en lui racontant les mêmes histoires, en **répétant** des comptines, en faisant des jeux où l'on se répond, des jeux de mains, de marionnettes ou musicaux. Accessoires : **livre, marionnette, musique enregistrée**

## mains

Sa **coordination œil-main** est si bonne à présent qu'il va essayer de **manger seul** avec une cuillère. Laissez-le faire et félicitez-le lorsqu'il réussit. Tant pis pour les dégâts !

## sociabilité

Il **aime les bébés** de son âge : invitez de petits amis à **jouer**, allez à des réunions de groupes parents-enfants.

# ㉓ Percussions de cuisine

Ce jeu satisfait le besoin inné de votre bébé de **taper** sur des objets et son amour des **sons rythmés**. C'est d'autant plus facile qu'il peut utiliser toutes sortes d'objets déjà présents dans votre cuisine – une cuillère en bois dans chaque main, deux couvercles de casserole pour les cymbales… Il va apprendre à **reconnaître** les notes graves et aiguës en frappant sur divers matériaux, et à **se servir des deux mains** à la fois.

**Aptitudes**

développées par les "Percussions de cuisine" :
• préhension • coordination œil-main • contrôle de la main • force • créativité • écoute

## Batterie de cuisine

Choisissez divers ustensiles sans danger – casseroles, plats en métal, bols en bois, boîtes en plastique, boîtes à biscuits… Posez-en certains à l'envers. Montrez-lui comment on tape dessus avec une cuillère ou une spatule en bois, puis faites-le en lui tenant les mains – toujours en commentant. Enfin, laissez-le essayer seul.

## Les cymbales

Prenez deux couvercles en métal assez légers, et aidez-le à les frapper en-semble comme des cymbales.

## Les baguettes

Posez devant lui une bassine en plastique retournée, et tapez dessus avec divers ustensiles : cuillère en bois, cuillère en métal, brosse à vaisselle, batteur à œufs, etc. Décrivez les différents sons et encouragez bébé à vous imiter.

## Le grand concert

Alignez maintenant les casseroles retournées et tous les ustensiles, et tapez dessus selon des rythmes variés – un véritable orchestre de cuisine !

**6** à **12** mois     ✓ mental     ◯ parler     bouger     ✓ mains     ✓ sociabilité

# ㉔ Magie de la peinture

Ses mains sont de plus en plus habiles : laissez-le exprimer sa **créativité** avec la peinture et la **peinture à doigts**. Il adorera barbouiller et **expérimenter** avec ses doigts les textures et les couleurs. Plus tard, vous lui montrerez quelques techniques d'**impression** et, si sa **dextérité manuelle** est suffisante, comment on se sert d'un **pinceau**.

## Aptitudes

développées par
"Magie de la peinture" :
• *contrôle de la main* • *coordination œil-main* • *relation de cause à effet* • *expérimentation* • *notion de couleur* • *imagination*

## Avec les doigts

Asseyez votre bébé dans sa chaise haute. Protégez ses vêtements, remontez ses manches, couvrez le sol de journaux ou d'un plastique. Versez sur la tablette un peu de peinture à l'eau non toxique et encouragez-le à "peindre" avec ses doigts. Il comprendra vite l'idée et se mettra peut-être à barbouiller avec les deux mains !

## Traces en couleurs

Semblable au jeu précédent, mais avec plusieurs couleurs. Versez chaque couleur dans un coin de la tablette, et voyez si votre bébé se sert de ses doigts pour faire des traces qui se rejoignent. Mais ne soyez pas surpris si cela finit dans un joyeux barbouillage géant !

## Jolies empreintes

Une fois ses mains couvertes de peinture (cela arrivera forcément), montrez-lui comment imprimer ses paumes sur une grande feuille de papier – vous pourrez en garder une en souvenir ! Vers douze mois, essayez de le faire imprimer avec des demi-pommes de terre où vous sculpterez des dessins, ou avec de petites éponges ou des bouts de chiffon.

---

*11* à *12* mois    ✔ mental    ✔ parler    ○ bouger    ✔ mains    ○ sociabilité

## ㉕ Musique pour bébé

La recherche a montré que les enfants **aiment la musique classique** comme celle de Bach et surtout de Mozart – elle stimule les parties du cerveau associées aux mathématiques et à la logique, et favorise la **concentration** et le **langage**. Choisissez des musiques aux cadences régulières et aux harmonies classiques, surtout avec des cordes. **Commencez dès la naissance** et continuez.

### Aptitudes

développées par
"Musique pour bébé" :
• *écoute* • *sens du rythme* • *tourner le regard et la tête vers un son* • *langage* • *gérer les émotions* • *concentration* • *plus tard, raisonnement mathématique et logique*

### Bouger en rythme

Votre bébé posé sur vos avant-bras, bien tenu par vos mains et le visage à 20-25 cm du vôtre, faites-le monter et descendre doucement au rythme de la musique. Les papas font très bien cela.

### Localiser un son

Placez un magnétophone ou un lecteur de CD d'un côté de la pièce et faites écouter de la musique un moment à votre bébé couché dans son berceau. Puis arrêtez la musique, déplacez le lecteur et remettez-le en marche. Cela encourage votre bébé à tourner la tête vers le son.

### Moment de détente

Essayez d'écouter de la musique à la même heure chaque jour. Après avoir nourri et changé votre bébé, allongez-vous et prenez-le contre vous. Tapotez ou caressez son dos au rythme de la musique.

# (26) Chansons et berceuses

Votre bébé aime que vous chantiez pour lui. Cela l'**apaise**. De plus, se sachant l'objet de votre attention, il en retire un sentiment de **sécurité** et d'importance – chose essentielle pour l'**estime de soi**. La chanson du soir donne un sommeil **paisible** et permet le coucher **sans angoisse** auquel a droit tout enfant. Souvenez-vous que n'importe quelle chanson chantée doucement peut devenir une berceuse, même le dernier tube hip-hop !

### Aptitudes

développées par "Chansons et berceuses" :
- *langage* • *écoute*
- *sensibilité à la musique*
- *mémoire* • *sociabilité*
- *sens du rythme*

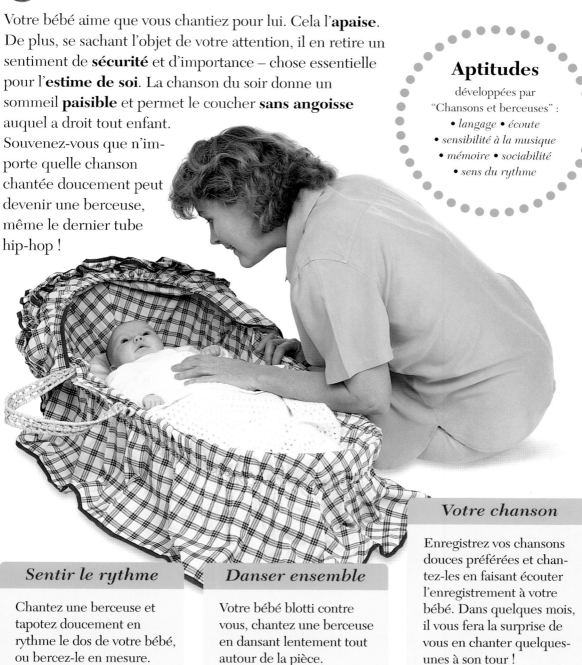

### Sentir le rythme

Chantez une berceuse et tapotez doucement en rythme le dos de votre bébé, ou bercez-le en mesure.

### Danser ensemble

Votre bébé blotti contre vous, chantez une berceuse en dansant lentement tout autour de la pièce.

### Votre chanson

Enregistrez vos chansons douces préférées et chantez-les en faisant écouter l'enregistrement à votre bébé. Dans quelques mois, il vous fera la surprise de vous en chanter quelques-unes à son tour !

*0* à *12* mois   ✔ mental   ✔ parler   ○ bouger   ○ mains   ✔ sociabilité

## ㉗ Comptines pour bouger

Les comptines favorisent l'apprentissage de la parole, parce qu'elles imitent le rythme du langage et **renforcent l'apprentissage** par la répétition. Dès la naissance, chantez-en à votre bébé en vous occupant de lui et en le portant. Dès trois mois, il apprendra les **gestes** qui accompagnent les comptines. Plus tard, sa coordination progressant, il pourra les **anticiper**.

### Choix des comptines

Créez-vous un répertoire de comptines (vous retrouverez les paroles des grands classiques dans des livres) et chantez inlassablement les mêmes à votre bébé. Il aimera cette répétition, et vos préférées deviendront les siennes.

### Changer les noms

Remplacez le nom d'un personnage par celui de votre bébé dans une chanson qu'il connaît. Il sera ravi !

### Et après ?

Les comptines peuvent aider votre bébé à comprendre la notion d'histoire, de succession des événements. Servez-vous d'une comptine pour mimer l'histoire avec des gestes et des émotions. Une fois que votre bébé la connaît bien, arrêtez-vous à un moment décisif pour voir s'il fait le geste suivant. Sinon, faites-le à sa place – ce n'est qu'un jeu. "Et après, qu'est-ce qu'il y a ? Oui ! Une poule sur un mur. Et après ? Qui picore du pain dur", et ainsi de suite.

# ㉘ Hochets et couinements

Les bébés aiment entendre beaucoup de **sons différents**. Tout petit, votre bébé préfère les sons aigus : les jouets qui couinent sont les meilleurs. Plus tard, tout est bon ! Et il **adore** faire du bruit lui-même, que ce soit avec un hochet, des jouets à presser ou ses propres vocalisations. Le hochet lui apprend une notion hautement intellectuelle, la **relation de cause à effet** : "Quand j'agite ce hochet, il fait du bruit."

**Aptitudes**
développées par
"Hochets et couinements" :
• *contrôle de la main*
• *coordination œil-main*
• *préhension* • *relation de cause à effet*
• *audition*

### 2-6 mois

## Agiter le hochet

Choisissez un hochet au bruit très reconnaissable. Agitez-le pour que bébé l'entende et montrez-le-lui. Commentez tout ce que vous faites. Tapotez doucement le hochet sur sa main, puis repliez ses doigts sur la poignée. Placez votre main sur la sienne pour secouer le hochet ensemble. Il aura bientôt assez de force pour le tenir et l'agiter seul.

### 6-10 mois

## Assis sur le jouet

Posez un jouet qui couine sur une chaise ou par terre, en montrant à votre bébé ce que vous faites, puis asseyez-vous sur le jouet comme par erreur : "Oups !" Riez avec votre bébé. Puis asseyez-le sur le jouet, et continuez ainsi, chacun à son tour.

## Appuyer fort

Appuyez sur un jouet en caoutchouc pour le faire couiner, puis prenez la main de votre bébé et aidez-le à appuyer dessus à son tour. Il lui faudra du temps pour y parvenir seul, car c'est très difficile.

## D'où vient ce bruit ?

Posez sur la table à langer un jouet doux qui couine, et posez délicatement votre bébé dessus. Demandez : "D'où vient ce bruit ?" Trouvez le jouet et faites-le couiner encore. Recommencez autant de fois que vous voudrez !

**2** à **10** mois    ✓ mental    ● parler    ○ bouger    ✓ mains    ✓ sociabilité

## ㉙ Pieds et orteils

Votre bébé s'intéresse tout autant à ses pieds et à ses orteils qu'à ses mains et ses doigts. Vers quatre mois, couché sur le dos, il va découvrir comment **attraper ses pieds**, et se mettre à **jouer avec ses orteils** avec autant d'**intérêt** que pour ses doigts. Voici des jeux pour l'aider à prendre conscience de ses pieds et de ses orteils – un début de **préparation à la marche**.

### Aptitudes

développées par
"Pieds et orteils" :
• *sociabilité* • *humour*
• *sentiments et émotions*
• *langage* • *imitation*
• *mobilité*
• *coordination*

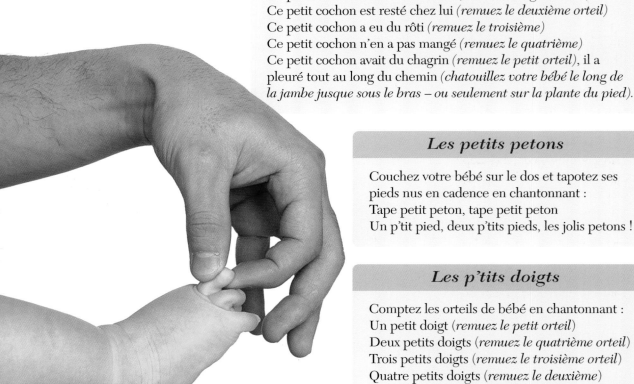

### Ce petit cochon

Pour présenter ses orteils à votre bébé :
Ce petit cochon a fait son marché *(remuez son gros orteil)*
Ce petit cochon est resté chez lui *(remuez le deuxième orteil)*
Ce petit cochon a eu du rôti *(remuez le troisième)*
Ce petit cochon n'en a pas mangé *(remuez le quatrième)*
Ce petit cochon avait du chagrin *(remuez le petit orteil)*, il a pleuré tout au long du chemin *(chatouillez votre bébé le long de la jambe jusque sous le bras – ou seulement sur la plante du pied).*

### Les petits petons

Couchez votre bébé sur le dos et tapotez ses pieds nus en cadence en chantonnant :
Tape petit peton, tape petit peton
Un p'tit pied, deux p'tits pieds, les jolis petons !

### Les p'tits doigts

Comptez les orteils de bébé en chantonnant :
Un petit doigt *(remuez le petit orteil)*
Deux petits doigts *(remuez le quatrième orteil)*
Trois petits doigts *(remuez le troisième orteil)*
Quatre petits doigts *(remuez le deuxième)*
et un tout GROS, tout GROS, miam miam !
*(faites semblant de manger le gros orteil !)*

---

**3** à **12** mois    ✔ mental    ✔ parler    ✔ bouger    ◯ mains    ✔ sociabilité

# ㉚ Jeux à cheval

Votre bébé aimera le côté mouvementé des jeux "à cheval". Ils développent son **équilibre** et ses **muscles**, sa relation de **confiance** avec vous, et son **goût de l'aventure**. C'est aussi l'occasion de **découvrir** les chevaux et ce qui fait leur diffé-rence avec des animaux comme les chiens ou les chats.

**Aptitudes**

développées par les "Jeux à cheval" :
• *équilibre* • *coordination*
• *force* • *pédalage*
• *compréhension*
• *confiance*

## *À dada*

Installez votre bébé sur vos genoux, avec un hochet à agiter pendant cette comptine :
Avec mon cheval, je vais à la ville
*(faites sauter doucement votre bébé sur vos genoux)*
Voir la belle dame sur son cheval blanc
Des anneaux aux doigts,
aux pieds des grelots
*(encouragez votre bébé à agiter son hochet en cadence)*
Elle fait de la musique partout où elle va.

## *Les jolies dames font comme ça*

Quand votre bébé tiendra assis avec la tête bien droite, il aimera ce jeu. Tenez-le assis sur vos genoux, face à vous, et chantonnez :
Les jolies dames font comme ça
Au trot, au trot, au trot !
*(faites-le "trotter" sur vos genoux)*
Les beaux messieurs font comme ça
Au galop, au galop, au galop !
*(faites-le "galoper" sur vos genoux)*
Et les fermiers font comme ça
Baloum, baloum, baloum
*(faites-le balancer de côté et d'autre)*
Et PLOUF dans la mare !
*(faites semblant de le faire "tomber" en écartant vos genoux, mais tenez-le toujours fermement).*

## ㉛ Jeu du bracelet

Les mouvements d'un petit bébé paraissent sans but parce qu'il manque de coordination. Pour qu'il **muscle** et **contrôle** mieux **ses bras et ses jambes**, encouragez-le à les faire **bouger** en attachant à son poignet ou à sa cheville un grelot ou un ballon. Il remarquera bientôt qu'il peut **faire du bruit** en bougeant. Cela lui apprendra aussi des choses sur la **relation de cause à effet**.

### *Jouer avec des ballons*

Attachez au poignet de votre bébé, par un ruban pas trop serré, un petit ballon gonflé à l'hélium. Le ruban doit être assez long pour que le ballon soit largement hors de portée. Aidez votre bébé à bouger ses bras de façon à imprimer des secousses au ballon, puis laissez-le faire.

### **Aptitudes**

développées par
le "Jeu du bracelet" :
• *relation de cause à effet*
• *concentration* • *vision*
• *écoute* • *mobilité*
• *coordination*

### *Faire tinter les grelots*

Fabriquez ou achetez un "bracelet de cheville" avec des grelots légers – comme ceux des colliers pour chat – sur un ruban ou un élastique souple. Passez-le à la cheville de votre bébé couché sur le dos, et montrez-lui que les grelots sonnent chaque fois qu'il donne un coup de pied. Montrez-lui plusieurs fois en commentant, puis laissez-le tranquille quelques minutes. En remuant involontairement les jambes, il s'apercevra qu'il peut faire tinter les grelots.

### SÉCURITÉ D'ABORD

Ne laissez jamais votre bébé seul avec un ballon gonflable : si le ballon éclate, il pourrait s'étouffer avec les morceaux.

## ㉜ Froisser et déchirer

Tout ce qui est léger et compressible amuse beaucoup votre bébé, parce que cela lui permet de **voir,** d'**entendre** et de **toucher** le résultat de ses **actions**. Le papier de soie est facile à **froisser,** à **déchirer** et à **lancer** (assurez-vous qu'il ne le mange pas !) et son **ouïe fine** en aime le bruissement. En manipulant ce papier, votre bébé acquiert l'idée d'**intention**, et sa maniabilité l'aide à développer très vite ses facultés.

### Aptitudes

développées par
"Froisser et déchirer" :
• *relation de cause à effet* • *coordination œil-main* • *contrôle de la main* • *audition* • *préhension* • *force des jambes*

**2-5 mois**

### *Les coups de pieds*

Froissez du papier de soie et placez-le au pied du berceau. Votre bébé le touchera en donnant des coups de pied. Montrez-lui d'où vient le bruit et encouragez-le à continuer.

### *Montrer et expliquer*

Pendant que bébé est dans sa chaise haute, froissez et faites bruire du papier de soie en montrant et en expliquant ce que vous faites. Décrivez le bruit que fait le papier.

**5-9 mois**

### *Les balles de papier*

Asseyez-vous par terre avec votre bébé et des piles de feuilles de papier de différentes couleurs. Froissez, déchirez et lissez le papier en décrivant ce que vous faites. Puis mettez une grosse boule de papier dans les mains de bébé et aidez-le à la compresser.

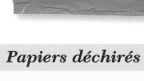

### *Papiers déchirés*

Comme ci-avant, mais déchirez les feuilles en bandes. Montrez à votre bébé comment amorcer la déchirure avec ses deux mains.

## (33) Marionnettes

Dès huit semaines, quand votre bébé aura appris à **fixer** son regard et maîtrisera la vision binoculaire (les deux yeux fonctionnant ensemble), il appréciera les **jeux simples** avec des marionnettes. Les marionnettes **à main** et à doigts, douces et sans danger, conviennent bien aux plus petits. Les poupées-**cuillères en bois** sont idéales pour les bébés plus âgés, qui peuvent sans danger jouer et faire du bruit avec. Les marionnettes peuvent s'acheter, mais sont aussi très faciles à réaliser.

**Aptitudes**
développées par les "Marionnettes" :
• compréhension • mémoire
• curiosité • observation • concentration • imagination • manipulation • participation
• langage • humour

### Magie des animaux

Les bébés adorent les animaux : proposez une marionnette-gant en forme de chat ou de chien à votre bébé. Montrez la marionnette à votre bébé en imitant le bruit de l'animal, puis montrez l'animal sur une photo ou en réalité. Décrivez et expliquez : "Les chats font miaou."

### Jeux pour rire

Avec la marionnette-gant, faites des jeux de chatouilles ou de cache-cache.

### Les comptines

Avec les marionnettes à doigts, mimez des comptines simples, comme Monsieur Pouce ou Une poule sur un mur. Aidez bébé à mettre les marionnettes sur ses doigts.

### Têtes en bois

Donnez à votre bébé des poupées-cuillères en bois. Inventez des histoires et mimez-les avec les poupées.

**LA SÉCURITÉ D'ABORD**
Attention aux petites parties que votre bébé pourrait décoller et avaler en mâchonnant la marionnette. Celles que vous achetez doivent porter le label CE.

**2 à 12 mois** ✓ mental ✓ parler ○ bouger ○ mains ✓ sociabilité

# ㉞ Fabriquer des marionnettes

Les marionnettes sont des jouets **polyvalents** (voir Activité 33), même pour les tout-petits, et on peut les **fabriquer facilement**

sans être spécialiste de la couture ni des arts manuels. Elles n'ont pas besoin d'être inusables, utilisez ce que vous trouverez chez vous, chutes de tissu et vêtements à recycler.

### Ce qu'il vous faut
- *feutrine* • *ciseaux*
- *colle*
- *stylos feutres*

## *Poupées chaussettes*

Les vieilles chaussettes font des marionnettes tous usages. Il n'est même pas nécessaire de les décorer : enfilez simplement votre main jusqu'au bout, votre pouce faisant office de mâchoire inférieure. Mais vous pouvez aussi coudre des boutons pour les yeux et le nez, ou les dessiner au feutre.

### LA SÉCURITÉ D'ABORD
Utilisez toujours peintures et colles non toxiques. Ne laissez pas bébé mettre ces jouets dans sa bouche.

## *Avec des cuillères en bois*

Prenez une cuillère en bois ordinaire et peignez le côté cuillère avec de la peinture non toxique. Dessinez par exemple un visage amusant, un animal ou un insecte.

## *Marionnettes à doigts*

Pour créer des marionnettes à doigts très simples : coupez les doigts de vieux gants, terminez les bords et décorez à votre guise. Vous pouvez aussi fabriquer des marionnettes plus élaborées :

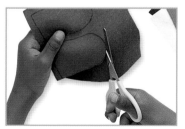

**1** Sur un morceau de feutrine ou autre tissu assez raide, de couleur vive et plié en deux, dessinez le corps en vous servant de vos doigts comme gabarit, puis découpez-le.

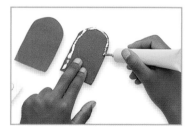

**2** Étalez un fin trait de colle autour de l'une des deux moitiés du corps, sauf en bas. Collez ensemble les deux moitiés en appuyant bien. Laissez sécher.

**3** Collez des yeux et une bouche en feutrine, ou tracez-les au feutre. Si vous ajoutez des pattes et une queue, cela fera des animaux simples, mais reconnaissables.

## (35) Jouer avec la pâte

Les bébés adorent les **matériaux** que l'on peut **manipuler** – eau, nourriture, sable, pâte. La pâte a le gros avantage de garder la forme qu'on lui donne. On peut l'étirer, la coller, la rouler, la pétrir, la colorer. Elle enseigne aussi beaucoup de **notions** qu'il serait difficile d'apprendre autrement, et elle encourage les **mouvements fins des doigts et de la main**. On peut l'acheter, mais il est très facile et peu coûteux de la faire soi-même.

**Aptitudes**

développées par "Jouer avec la pâte" :
• *contrôle de la main* • *contrôle des doigts* • *coordination œil-main* • *imitation* • *manipulation* • *concentration* • *conscience de l'espace* • *créativité* • *imagination* • *relation de cause à effet*

### Les moustaches de chat

Étalez la pâte au rouleau et découpez une grande forme de chat (ou d'un autre animal). Fabriquez des yeux, un nez, une bouche et de grandes moustaches et demandez à votre bébé où il faut les mettre. Voyez s'il désigne le bon endroit, puis collez-les. Commentez tout ce que vous faites.

### Le bonhomme en pâte

Faites un bonhomme en pâte. Pas besoin d'être un grand artiste, votre bébé reconnaîtra la forme de base ! Mettez le bonhomme dans diverses positions – assis, mains sur les genoux, faisant le poirier, couché sur le dos, le pied en l'air, etc. Décrivez et expliquez. Laissez bébé donner des coups de doigt dans le bonhomme ou tirer dessus s'il veut.

### Mettre en forme

Donnez à votre bébé de la pâte, un rouleau à pâtisserie jouet, des emporte-pièce en plastique et, en décrivant ce que vous faites, montrez-lui comment aplatir la pâte à la main et au rouleau, puis découper des formes.

### Le petit pâtissier

Trouvez une recette simple de pâte à gâteaux ou à biscuits. Faites-vous aider par bébé pour mélanger, étaler et couper la pâte. Faites un bonhomme en pâte, avec des raisins secs pour le nez, les yeux et la bouche. Il y aura du gaspillage, mais un tel plaisir vaut bien un peu de farine renversée ! Il sera heureux de manger le résultat, et il aura beaucoup appris sur la relation de cause à effet.

**8** à **12** mois    ✓ mental    ✓ parler    ○ bouger    ✓ mains    ○ sociabilité

## ㊱ Fabriquer de la pâte

Tous les enfants adorent fabriquer des objets, ne serait-ce que des pâtés de sable. Ils vous regardent faire la cuisine ou le ménage et jouent à faire semblant, parfois dès huit ou neuf mois, afin d'exercer les compétences nécessaires pour vous imiter. La pâte à sel est un matériau idéal : très malléable, elle tient bien et peut resservir.

### *Recette de la pâte à sel*

Mélangez dans une casserole 2 tasses de farine, 1 tasse de sel, 1 c.c. de levure chimique, 2 c.s. d'huile et 1 c.c. de colorant alimentaire avec 2 tasses d'eau. Chauffez à feu doux en remuant sans cesse jusqu'à ce que la pâte soit prise. Remuez encore 2-3 minutes, puis retirez du feu et malaxez pendant plusieurs minutes. Conservez dans une boîte en plastique hermétique.

### *Faire participer bébé*

Avec la pâte, tout le monde participe. Quoi que vous fassiez, votre bébé peut jouer avec la pâte et faire quelque chose de son côté en essayant d'imiter les gestes de vos mains. Quand vous cuisinez avec de la pâte, donnez-lui-en toujours un petit bout à pétrir et à mettre en forme. Il aura le sentiment d'être un grand et sera valorisé parce qu'il aura apporté sa contribution. N'oubliez pas de faire cuire ses œuvres !

### Ce qu'il vous faut

- *farine* • *sel* • *huile*
- *eau* • *levure chimique*
- *colorant alimentaire*

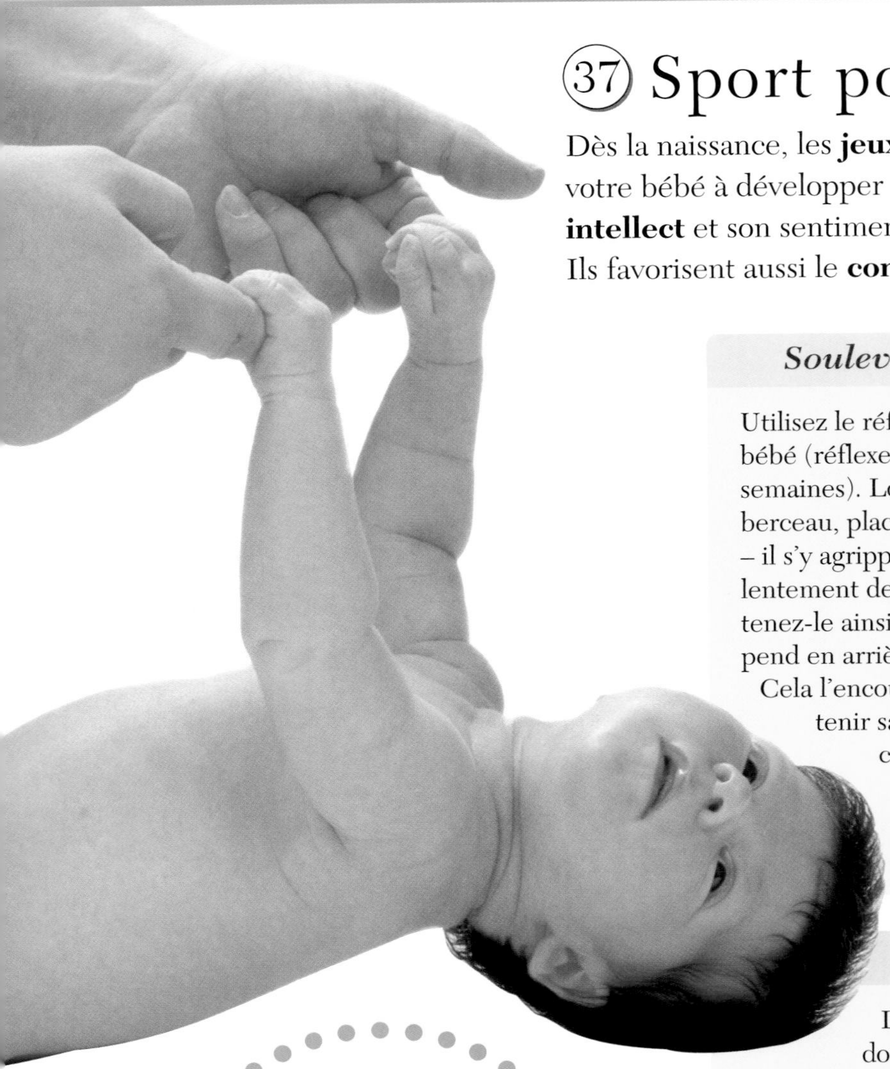

# ㊲ Sport pour bébé

Dès la naissance, les **jeux de mouvement** aident votre bébé à développer son corps, mais aussi son **intellect** et son sentiment de **valeur personnelle**. Ils favorisent aussi le **contrôle de la tête**.

## *Soulever doucement bébé*

Utilisez le réflexe d'agrippement de votre bébé (réflexe inné qu'il conservera quelques semaines). Lorsqu'il est sur le dos dans son berceau, placez vos index dans ses mains – il s'y agrippera solidement. Soulevez-le très lentement de quelques centimètres et maintenez-le ainsi quelques secondes. Sa tête pend en arrière, mais il n'y a aucun danger. Cela l'encourage seulement à essayer de tenir sa tête dans l'alignement de son corps, ce qui muscle sa nuque et favorise le contrôle de la tête. Reposez-le doucement et félicitez-le.

## *Les jambes droites*

Lorsque bébé est couché sur le dos, étirez doucement ses jambes. Au début, elles restent repliées dans la position fœtale, mais plus tôt vous l'aiderez à apprendre à les étendre, plus vite il commencera à pédaler et à les fortifier. Félicitez-le. Étendez très doucement ses jambes, puis pliez-les plusieurs fois aux genoux pour les assouplir. Étirez aussi ses bras.

### Aptitudes

développées par le "Sport pour bébé" :
• *contrôle de la tête* • *conscience du mouvement* • *développement des os, muscles et articulations* • *force et mobilité* • *connections cerveau-muscles-nerfs* • *sens de l'exploit et du jeu*

**0** à **2** mois ✓ mental parler ✓ bouger ✓ mains ✓ sociabilité

# ㊳ L'avion

Votre bébé aime être couché par terre avec beaucoup d'espace, surtout si vous êtes avec lui. Cela l'aide à devenir plus audacieux, tant physiquement qu'émotionnellement. **Gigoter** et **pédaler** le prépare à **ramper**, et tous les efforts qu'il déploie pour apprendre à soulever son corps seront récompensés lorsqu'il s'apercevra qu'il apprend ainsi à **se déplacer**.

### *Prêt au décollage !*

Couchez-vous à plat ventre face à votre bébé, la tête à environ 15 cm de la sienne. Étendez-lui les bras sur les côtés comme les ailes d'un avion (expliquez ce que vous faites) et faites de même. Puis levez la tête et appelez-le par son nom. Félicitez-le de ses efforts pour lever la tête et vous regarder.

### *Le parachute*

Couchez-vous côte à côte avec votre bébé. Étendez ses bras et les vôtres comme précédemment, mais, cette fois, soulevez vos jambes comme si vous descendiez en parachute. Encouragez-le à faire de même. Quand il vous imitera, félicitez-le avec un câlin.

**Aptitudes**

développées par "L'avion" :
• *muscles du cou* • *contrôle de la tête* • *mobilité* • *équilibre*
• *rouler* • *position assise*
• *ramper* • *surmonter les difficultés*

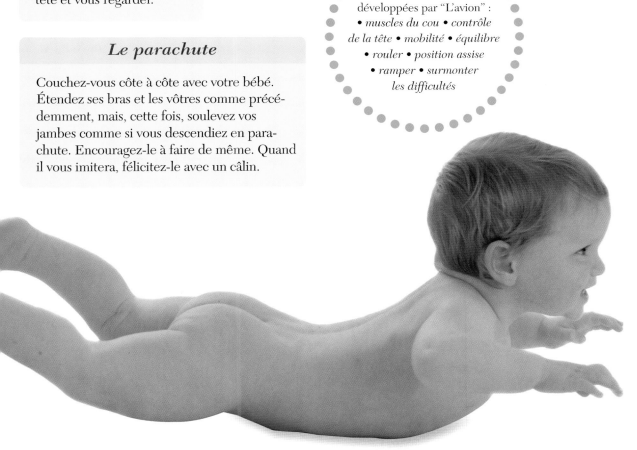

# ㊴ Assis-couché

Pour ces jeux, pas besoin d'attendre que le contrôle de la tête soit parfait. Si sa tête pend en arrière, il cherchera à la maintenir dans le prolongement de son corps, ce qui **muscle sa nuque**. Aussi curieux que cela paraisse, c'est la première étape vers la **marche**. Et votre bébé adore qu'on le mette assis, car cela lui permet de **regarder autour de lui**.

**Aptitudes**

développées par "Assis-couché" :
• *contrôle de la tête* • *position assise* • *équilibre* • *mobilité* • *sens de l'exploit* • *force* • *curiosité* • *participation*

## On s'assoit !

Couchez votre bébé sur le dos, puis, en le tenant par les mains, relevez-le en position assise. Faites-le très lentement et délicatement, de façon que sa tête ne reçoive jamais de secousse brusque, même si elle pend en arrière. Commentez toute l'opération. Laissez votre bébé assis une ou deux minutes en le soutenant bien, puis faites-le redescendre sur le dos. Son contrôle de la tête va s'améliorer de semaine en semaine et, vers quatre mois, il tiendra sa tête quand vous le soulèverez.

## Monter-descendre

Dès qu'il commence à tenir sa tête dans le prolongement du corps, asseyez-le sur un de vos genoux et faites-le sauter doucement en disant : "Léo monte, Léo descend."

## Attention !

Dès que votre bébé tient bien sa tête (vers quatre mois), faites-le sauter sur vos genoux. Alors, en le tenant solidement sous les bras, écartez un peu vos jambes comme si vous alliez le laisser glisser.

*1 à 6 mois*     ✓ mental     ● parler     ✓ bouger     ● mains     ● sociabilité

# ㊵ Le portique

Tant qu'il ne tient pas assis, votre bébé passe beaucoup de son temps de veille couché dans son berceau ou attaché sur son siège. Vous pouvez **lui faire plaisir** en fixant au-dessus de son berceau un portique d'éveil, avec des jouets et objets **visuellement intéressants** (choisissez ceux qui font du bruit) qu'il pourra regarder, et plus tard essayer d'**attraper**. Le grand intérêt de cette activité est qu'elle **exerce ses bras** en même temps que son **cerveau**. Vous pouvez acheter un portique, mais aussi le fabriquer simplement en attachant des objets à un cordon ou à un élastique.

**Aptitudes**
développées par
"Le portique" :
• *concentration* • *compréhension*
• *vision* • *fixer le regard*
• *coordination œil-main*
• *relation de cause à effet*

**0-3 mois**

## *Toucher, c'est bien*

Secouez le support pour faire bouger les objets. Touchez-les tour à tour en décrivant ce qui se passe. Ensuite, tenez la main de votre bébé pour l'aider à toucher chaque objet, puis encouragez-le à essayer seul.

## *Coups de pied en l'air*

Le portique à ses pieds, montrez-lui comment taper dans les objets.

**3-6 mois**

## *S'agripper et tirer*

Utilisez un portique rigide et des accessoires à saisir sans danger, comme des anneaux. Tirez sur les anneaux en montrant ce que vous faites, puis placez-lui les mains dessus et aidez-le à tirer dessus. Il saura bien-tôt les saisir seul.

### LA SÉCURITÉ D'ABORD
Pour fabriquer un portique maison, utilisez des matériaux indé-chirables et trop gros pour être avalés. Fixez-les bien.

---

**0** à **6** mois    ✓ mental    ● parler    ✓ bouger    ✓ mains    ● sociabilité

# ㊶ Jeux de ballon

Ces jeux ne feront pas entrer votre bébé dans l'équipe nationale de football ! Il s'agit seulement de lui faire découvrir la **notion de balle** et les jeux de ballon. Même s'il ne doit jamais jouer au tennis, ces jeux développent des compétences physiques comme la **coordination œil-main** – une faculté essentielle à acquérir dès la première année. Après les ballons à gonfler, passez à un ballon souple qui rebondit.

### Aptitudes

développées par les "Jeux de ballon" :
• *coup de pied* • *pousser* • *faire rouler* • *viser* • *coordination œil-main* • *synchronisation* • *contrôle de la main* • *reconnaître les formes* • *prendre son tour* • *partager*

### 4-7 mois

#### Les coups de pied

Bébé assis sur son siège, faites rebondir un ballon contre ses jambes. Montrez-lui comment donner des coups de pied pour le faire rebondir. Ce jeu amusant introduit la notion de forme ronde.

#### Renvoyer le ballon

Pour ce jeu, il faut deux personnes, l'une soutenant bébé assis par terre, l'autre faisant rouler un ballon vers lui pour qu'il le renvoie avec le pied ou les mains.

### 7-12 mois

#### Regarder rouler

Asseyez votre bébé par terre et faites rouler vers lui un ballon coloré qui rebondit bien. Encouragez-le à lui donner un coup de pied ou à le pousser vers vous. Avant l'âge d'un an, il aura assez d'équilibre et de contrôle de ses mains pour intercepter le ballon avec ses bras tendus ou entre ses jambes, puis le renvoyer en l'air ou en le faisant rouler. N'oubliez jamais de dire : "Le ballon roule parce qu'il est rond."

# ㊷ Pompes pour bébé

Pour votre bébé, pouvoir lever la tête en position ventrale est une **étape importante** avant d'apprendre à **ramper**, puis à **marcher**. Ces jeux physiques simples le préparent à des acquisitions plus élaborées. Il ne pourra pas ramper s'il ne sait pas s'asseoir, ni s'asseoir s'il n'a pas la force de tenir sa tête (partie la plus lourde du corps pendant plusieurs mois). Et il ne tiendra pas assis sans tomber s'il ne sait pas **équilibrer son corps** lorsqu'il se tourne sur les côtés.

### **Aptitudes**
développées par
les "Pompes pour bébé" :
• *contrôle de la tête* • *muscles du cou, du dos et des bras*
• *mobilité* • *retournement*
• *équilibre*

## *2-4 mois*
### *Lever la tête*

Asseyez-vous sur le sol, votre bébé à plat ventre en face de vous. S'il n'est pas assez fort pour le faire lui-même, placez ses bras devant lui, bien écartés. Appelez-le et agitez un hochet ou un jouet coloré à environ 20-25 cm de son visage. Montez un peu le jouet afin que votre bébé essaie de lever la tête pour le regarder. S'il fait cela, félicitez-le.

## *4-6 mois*
### *On décolle*

Si votre bébé peut soulever son torse, tenez le hochet plus éloigné et plus haut. Agitez-le de droite à gauche pour encourager bébé à tourner la tête sur les côtés.

## *6-9 mois*
### *Regarder derrière*

Votre bébé est assez fort pour soulever son torse et son ventre en prenant appui seulement sur ses mains et en gardant la tête levée. Dans cette position, faites-le se retourner en agitant un hochet derrière lui. Vers l'âge de neuf mois, il pourra tendre une main vers le jouet sans perdre l'équilibre.

## (43) Donner et prendre

Quand votre bébé devient capable de prendre avec tous les doigts – vers sept-huit mois – et non plus avec la paume ouverte, vous pouvez l'aider à **affiner** davantage **sa préhension**. Jouer à donner et à recevoir lui apprend à **lâcher** les objets **où et quand il le veut** au lieu de les laisser tomber au hasard. Apprendre à donner un objet à quelqu'un suppose aussi des **compétences sociales** : c'est le prélude au difficile **apprentissage du partage**.

### Aptitudes

développées par
"Donner et prendre" :
• *coordination œil-main*
• *contrôle de la main* • *contrôle des doigts* • *préhension fine*
• *lâcher-prise* • *partage*
• *observation*

---

*7-9 mois*

### Donner et reprendre

Posez un jouet sur la paume de sa main. Lorsqu'il le tient, dites : "Maman reprend le jouet une seconde." Prenez-le doucement : "Merci d'avoir donné le jouet à maman !" Gros baiser. "Maman redonne le jouet à Lucie." Recommencez.

### Un coup de main

Placez-lui les doigts sur un jouet posé devant lui de façon qu'il puisse les refermer dessus. Encouragez-le à essayer de prendre le jouet.

### La bonne prise

Glissez un jouet entre son pouce et son index. Il pourra se servir des autres doigts pour le tenir, mais, en les positionnant ainsi, vous introduisez la notion de préhension en pince.

*9-12 mois*

### Savoir partager

Donnez à votre bébé un jouet ou un petit objet dont vous savez qu'il ne l'a jamais vu ou qu'il n'a pas joué avec récemment. Sa curiosité sera éveillée, et il voudra le prendre pour l'examiner. Demandez-lui de vous le rendre. S'il le fait, félicitez-le et rendez-lui le jouet. S'il ne peut/ veut pas vous le rendre, prenez-le doucement et dites : "Merci beaucoup, tu es très gentil(le)."

---

**7 à 12** mois  ✓ mental  ○ parler  ○ bouger  ✓ mains  ✓ sociabilité

# ④④ Ma famille

Dès la naissance, votre bébé **réagit aux voix**. La vôtre est si importante pour lui qu'à deux semaines il sait déjà la distinguer de toutes les autres. Lorsqu'il entend votre voix, il **se sent en sécurité**. Par la suite, il réagira à des **visages familiers** comme ceux des membres proches de la famille – surtout s'ils sourient ! Les photos de famille lui montrent que ses grands-parents existent même s'ils sont absents, et lui enseignent la notion de famille.

## Les voix familières

Enregistrez-vous sur une cassette parlant à votre bébé et disant son nom, ou lisant des comptines ou des poèmes. Faites une cassette de la voix de maman et une de celle de papa. Si d'autres personnes s'occupent réguliè-rement de votre bébé, enregistrez-les aussi. Faites-lui écouter la cassette couché dans son berceau ou son landau, en le tapotant doucement pendant les premières minutes seulement.

## Visages familiers

Faites un album de famille pour votre bébé. Collez sur du carton des photos de ceux qu'il aime et laissez-le les examiner. Si possible, faites des agrandisse-ments, il les verra mieux. Parlez-lui des personnes sur les photos.

## Apprendre le calme

Installez votre bébé, mettez une cassette de voix et éloignez-vous. S'il proteste, revenez, arrêtez la cassette et dites son nom. Puis remettez en marche et repartez. Cela montre à votre bébé que vous revenez s'il a besoin de vous.

## ㊺ Massage pour bébé

Il y a près de cinquante ans, la recherche a montré que les bébés avaient autant besoin d'être **touchés** que nourris. Toucher un nouveau-né est **essentiel** à sa survie. Tous les bébés aiment les massages doux, et il n'est jamais trop tôt pour commencer. Consacrez quelques minutes par jour à **toucher toutes les parties de son corps** – pour lui, c'est le paradis, et cela l'aide à prendre conscience de son corps.

**Aptitudes**
développées par
"Massage pour bébé" :
• *nouer des relations* • *apprendre à faire confiance* • *relaxation* • *sérénité* • *réactivité* • *mobilité*

### *Masser et nommer*

Avec les deux mains, massez-lui le visage et la tête, en commençant par le milieu du front. Dès que votre bébé est assez grand pour comprendre ce que vous dites, nommez les parties du corps que vous massez. Par exemple, pour le visage, attirez son attention sur ses yeux, son nez, sa bouche, et nommez-les.

### *Léger et appuyé*

Votre bébé couché sur le dos, passez doucement vos mains sur son cou, puis ses épaules, son tronc, ses bras, ses jambes. Recommencez plus légèrement, puis de nouveau plus fermement.

### *Changer de rythme*

Refaites ce massage doux de la tête aux pieds, mais cette fois très lentement, puis très vite. Décrivez ce que vous faites. Massez-le aussi à plat ventre.

### *Avec de l'huile*

Comme les massages précédents, mais en frottant d'abord vos mains avec un peu d'huile pour bébé.

---

*0* à *12* mois  ✓ mental  ● parler  ✓ bouger  ● mains  ✓ sociabilité

# 46 Miroir, miroir

De la naissance à un an et bien au-delà, votre bébé est **fasciné par les visages**, et surtout par la façon dont ils se reflètent dans un miroir. Se regarder dans le miroir est amusant, mais c'est aussi une activité **hautement intellectuelle**. Au début, il voit le miroir comme un simple prolongement du visage humain. Puis il **se demande** ce qu'il y a derrière. Enfin, il commence à **reconnaître** que c'est lui-même – ce qui est très subtil !

**Aptitudes**
développées par
"Miroir, miroir" :
• *reconnaître les visages*
• *reconnaître les traits*
• *sentiment du moi* • *mémoire*
• *vision* • *sociabilité*
• *imitation*

### *Qui est qui ?*

Tenez votre bébé devant un miroir où il se verra avec vous. Dites : "Voilà Max dans le miroir", et caressez son image. Puis faites un grand sourire et montrez votre image en disant : "C'est maman, elle sourit."

### *Il a disparu*

Pour l'aider à comprendre que les choses continuent d'exister lorsqu'il ne les voit plus, montrez-lui votre visage dans le miroir, puis écartez-vous de façon qu'il ne le voie plus, puis revenez. Commentez constamment : "Voilà papa ; maintenant papa est parti ; maintenant papa est revenu."

### *Qui fait quoi ?*

Pointez les yeux de votre bébé, sur le miroir, puis sur son visage : "Les yeux regardent", puis ses oreilles : "Les oreilles entendent", sa bouche : "La bouche mange, sourit, parle." Répétez en montrant sur vous.

### *Où est bébé ?*

Ici, c'est bébé que vous faites apparaître et disparaître dans le miroir.

*0* à *12* mois   ✓ mental   ● parler   ● bouger   ● mains   ✓ sociabilité

# 47) Bruits de bouche

Vous pouvez faire **rire** votre bébé en le chatouillant avec des bruits de bouche (souffler, bourdonner, faire "brrrr") contre sa peau. Mais en lui proposant de vous imiter, vous l'aidez à développer les muscles qui servent à former les **mots**. Il prend ainsi conscience des possibilités de sa **bouche**. En ajoutant des sons, vous l'aiderez à produire lui aussi des sons avec sa langue et ses lèvres – un **avant-goût de la parole**.

## Aptitudes

développées par "Bruits de bouche" :
• *langage* • *schémas de la conversation* • *toucher* • *vision* • *audition* • *concentration* • *imitation*

2 à 12 mois   ✓ mental   ✓ parler   ○ bouger   ○ mains   ✓ sociabilité

# (48) Toucher, palper

Si vous caressez doucement la joue d'un nouveau-né, il va chercher le sein pour téter. Sa peau étant très sensible, il **réagit** instantanément aux **différences de textures**, surtout nouvelles pour lui. Cela peut paraître étonnant, mais cette sensibilité favorise le développement de **facultés intellectuelles** complexes, comme la notion d'opposé (par exemple : rugueux-doux, dur-mou...).

**Aptitudes**
développées par
"Toucher, palper" :
• *contrôle de la main* • *expérimentation* • *notion d'opposés*
• *détente* • *anticipation*
• *conversation*

### Comprendre les opposés

Posez votre bébé à plat ventre sur un tapis de jeu, afin qu'il puisse sentir les textures. Aidez-le à palper des textures opposées – le doux, puis le rugueux. Commentez les sensations éprouvées.

### Toucher des textures

Donnez-lui des tissus différents à palper et à froisser – satin, tissu éponge, velours... Par la suite, ils pourront servir aux premiers jeux de cache-cache.

### Découvrir un tapis d'éveil

À partir de trois mois, installez votre bébé adossé à des coussins ou dans sa chaise, ou sur vos genoux. Prenez le tapis d'éveil et montrez à votre bébé tous les tissus de textures différentes cousus dessus. Aidez-le à les manipuler pour découvrir leurs propriétés.

*1* à *8* mois    ✓mental    parler    bouger    ✓mains    sociabilité

# Et ensuite ?

L'évolution de votre enfant devient encore plus passionnante avec l'entrée dans la deuxième année.

- En commençant à marcher et à parler, il **s'impose** comme une vraie personne.

- L'acquisition de compétences physiques, mentales et sociales se poursuit à une **vitesse vertigineuse**, mais soyez réaliste : n'attendez pas trop, ni trop vite.

## L'AIMER ET L'ENCOURAGER

Au moment où il fait – au sens propre – ses premiers pas hésitants dans un monde d'adultes et où il cherche sa place dans la famille, votre rôle est essentiel pour le guider, le comprendre et l'encourager.

Pour se construire une bonne image du moi, votre enfant a besoin avant tout d'être soutenu par votre amour et votre acceptation inconditionnels. Rien ne vaut, pour lui apporter la sécurité et le rendre affectueux, confiant et respectueux des autres, cette relation de respect et d'amour entre vous.

Un enfant qui s'accepte lui-même aura une grande confiance en lui et saura gérer les difficultés qu'il rencontrera dans la vie. Pour qu'il se sente bien dans la réalité, vous devez lui fixer des buts accessibles, afin qu'il ne soit jamais entravé par des sentiments d'échec et que son image du moi reste intacte.

Il sera peut-être nécessaire de l'aider à franchir certains passages difficiles. Il apprendra ainsi à mieux se comprendre et à connaître ses limites.

Pour que votre enfant se réalise pleinement, l'environnement familial que vous lui créez ne doit pas limiter ses possibilités, ni brider sa curiosité et son besoin d'aventure. Ne lui demandez pas de se conformer à vos attentes ou à des schémas préétablis, mais encouragez-le à développer sa propre personnalité. C'est ainsi qu'il deviendra sûr de lui et déterminé.

Vous avez une autre responsabilité importante, celle d'apprendre à votre enfant la conscience d'autrui, condition essentielle d'une vie sociale et affective épanouie. Ne l'oubliez pas : pour que votre enfant s'intègre bien socialement, vous ne devez pas le laisser développer des comportements antisociaux sans réagir.

## L'APPRENTISSAGE DE LA PROPRETÉ

C'est l'un des domaines qui feront le plus appel à votre bon sens et à votre patience. Il ne faut en aucun cas vous attendre à ce que votre enfant devienne propre lorsque vous jugerez le moment venu. Le seul bon moment est celui où votre enfant sera prêt.

Être prêt signifie que son cerveau, ses nerfs et ses muscles sont suffisamment développés. Or, il est rare que le système nerveux soit à maturité et les muscles capables de lui obéir avant 21 mois. Alors, de grâce, pour le bien de votre enfant, ne vous attendez à aucun résultat avant cet âge. Forcer votre enfant à rester sur le pot ne fera que l'obliger à refuser de s'exécuter, et entraînera probablement des problèmes par la suite.

N'oubliez pas qu'un petit de 18 mois peut à peine se rendre compte qu'il urine, donc encore bien moins vous avertir qu'il en a envie. Un mois plus tard, il saura peut-être vous montrer sa couche ou grogner lorsqu'il se mouillera, mais non se retenir assez longtemps pour que vous sortiez le pot. Ensuite, il gagnera environ une minute par semaine. En grandissant encore, il deviendra finalement capable, entre 2 et 3 ans, de se retenir plusieurs heures. La règle d'or est donc : pas d'entraînement précoce ni d'enthousiasme intempestif pour le pot ; écoutez votre enfant, respectez son rythme ; ne faites pas d'histoires en cas d'accident.

## APPRENDRE L'INDÉPENDANCE

Un enfant a besoin de se sentir indépendant et en sécurité pour établir des relations, partager, être raisonnable, ouvert et sociable, avoir le sens des responsabilités, et enfin, respecter les autres et leur intimité. Croire en soi donne bien d'autres qualités : curiosité, audace, serviabilité, prévenance, générosité. Une personne pourvue de telles qualités a de bonnes relations avec les autres et profite mieux de la vie. L'amour que vous donnez à votre enfant se traduit pour lui par le sentiment de sa valeur et la confiance en soi. Mais vous pouvez aussi l'encourager de manière pratique.

***Rendre service*** Demandez-lui d'aller vous chercher des objets – sac à provisions, pelle à poussière : il se sentira utile.

***Prendre des décisions*** Faites-lui prendre de petites décisions – comme choisir un jouet pour s'amuser –, afin qu'il puisse exercer son jugement et se fier à lui.

***Sentiment d'identité*** Interrogez-le sur ses préférences, demandez son avis, afin de lui donner le sentiment de son identité et de son importance.

***Indépendance physique*** Donnez-lui à faire des choses nouvelles et plus difficiles – sauter sur place, lancer un ballon avec la main ou le pied : il sera ravi de sentir la force et la bonne coordination de son corps.

***Indépendance émotionnelle*** Montrez-lui qu'il peut vous faire confiance : vous revenez toujours après un départ, vous le consolez chaque fois qu'il se fait mal, vous l'aidez à résoudre les difficultés.

# Index

# Remerciements

**Dorling Kindersley remercie**
Maquette : Spencer Holbrook, Elly King, Johnny Pau, Dawn Young ; photographies additionnelles : Steve Gorton, Gary Ombler, Andy Crawford ; index : Hilary Bird.
**Pour la relecture de la version française**, le Dr Michèle Hayat

**Édition révisée 2005** Les jouets Tomy représentés dans ce livre viennent de la gamme "Dr Miriam Stoppard's Baby Skills Range" ; couverts de la p.82 : collection Always Learning toddler feeding range, développée par le Dr Miriam Stoppard et V & A Marketing Ltd.